# アンミカのポジティブ美容事典

アンミカ
Ahn Mika

# はじめに

PROLOGUE

毎日がんばっている女性たちが、
「疲れたな」と感じたとき、
パッとページを開いたら、
いま知りたいと思っていることが書いてある。
大人の女性のための健康&美容事典のようなものを作りたい！
新しく本を出すお話をいただいたときに、
湧きあがってきたのが、そんな思いでした。

私、アン ミカが15歳でモデルの世界に飛び込んでから、
かれこれ30年が経とうとしています。
40代に入り、当たり前のことですが、
お肌のハリも体の調子も10代や20代の頃と
同じようにはいきません。
でも、人から見られるお仕事を長年続ける中で、
培ってきた美しく生きるための知恵や知識は、
いまの私の礎となっています。それらは自分で実践し、
「これは本当にいい！」と思ったものばかりです。
とは言っても、全部が全部私が考え、編み出したもの、

というわけではありません。
もともと私は自信満々なタイプではなく、
あれやこれやとコンプレックスを抱えている人間。だからこそ、
「素敵だな」と思う人に出会ったら、仲良くなって
「何をされているから、そんなにキレイなんですか？」と、
教えを請いたい。
素直に真似できる点は、それを気負いなく実行し、
たくさんの方々から伝授してもらった素敵になる技も、
アンミカの美と健康の知恵袋には、ぎっしり。
それをみなさんにもシェアすることができたら、
とても幸せです。

「なんだかくたびれたな」
「私なんてもう若くないから」
そんなため息がふっともれそうになったときは、
この本を開いてほしい。これから元気になる、
いくつになってもキレイになるための答えが、
必ず見つかるはずです。

Daily News

Fashion
Beauty
Travel
Spiritual

# この本の上手な使い方

第1章

## 不調に気づいて、自分で治そう

美人になれない理由は、だるさや肌アレ、イライラなど、体や心の不調がまず根底にあることも多いもの。多忙な現代女子こそ、まずチェックしてみて。普段スルーしていたちょっとしたことを、この本のケアを取り入れるだけで、驚くほど効果があることも。

美人の土台作り・ヘルシー&ピカピカに!

第2章

## 今日からすぐにできる、美の知恵袋

お肌、髪、唇、体など、今すぐできるケア方法を蔵出し! ちょっとしたことでお手入れに差がつく、目からウロコのアイデアが満載です。できることからワクワク取り入れていけば、いつのまにか美人になっているはず。

アン ミカ流美のコツで、ビジュアル大幅パワーアップ!

第3章

## 内側からにじみ出る 美しさの磨き方

いくらネイルが完璧でも、ガチャガチャと美しくない食べ方では、食事相手に美人には見えないもの。ビジュアルだけでははかれない、「あの人キレイだな」と思ってもらえるコツを伝授します。

内面からも美しく!

第4章

## 運を引き寄せる女になる

一生懸命エステに通っても、疲れ切って不機嫌な人や悩んでいる暗い表情を、誰も美人とは思わないはず。美しい人は、なぜかいつも幸せそう。いつも幸せ顔でいるために、実は自分でもできることがたくさんあるのです。ハッピーオーラを引き寄せて。

いつでもハッピーオーラに

第5章

## 人間関係に、もう悩まない!

美人の足を引っ張るマイナスな気持ちにさせる大きな原因は、人間関係。実はちょっとした考え方、態度で、大きく印象が変わり、人間関係もスムーズになるもの。アン ミカ流のポジティブメソッドで、明るい美人ライフに。

美人=幸せを実現!

もちろん、気になった項目だけ、ピックアップして読んでもOK! 各項目は、多くは1pや2pごとになっているので、拾い読みしやすい形です。毎朝1項目読んで、1日を美人オーラで過ごすのもおすすめです。

**逆引きを活用してもOK!**

p204～206の逆引きリストは、心と体の美のキーワードと、それが載っているページが記載されています。例えば「ストレッチしたいな」と思ったら、「ストレッチ」の項目を見れば本書に掲載されているストレッチが記載されているので、そのページを見てすぐに好みのストレッチが選べます。また、「会話」で引けば、会話するときのアドバイスの記載があるページが載っているので、「今日は相手に好印象を持ってもらいたいな」という日に、外出前にチェックするなど、時短で便利に使えます。

# ＊アン ミカの原点

いまでこそモデル、そしてテレビやラジオに出させていただくタレントとして、華やかなスポットライトの当たる場所にいることも多い私ですが、女子としてのスタートは、「チビでデブで不細工」。この容赦ない言葉を向けられた幼少期にあると思っています。

かわいいと言われる兄妹のなかで、私だけが冴えない見ため。おまけに、3〜4歳頃には口の中を切る大けがを負い、笑うと唇がめくりあがるという後遺症も残りました。友達から容姿をからかわれるのが怖くて、いつもうつむいてばかり。そんなコンプレックスの塊だった私に、いまは亡き母が授けてくれたのが、「ミカちゃん、目鼻立ちの整った人だけが〝美人〟ではないのよ。一緒にいて気持ちいいな、心地いいな、と思える女性が〝美人〟なの」という言葉でした。そして、〝心地いい美人〟になるための「4つの魔法」を教えてくれたのです。これは本書の中でも書いていますので、読んでみてください。

まだ保育園児だった頃から実行し続けた「4つの魔法」のおかげで、コンプレックスを少しずつ克服した私が、モデルを目指すようになったのは中学生のときです。しかし、お情けで所属させてもらった事務所の人からは、「あなたは特別に顔がキレイなわけではないし、背が高いわけでもないから、スチールモデルもショーモデルも無理」と宣告される始末。ろくにお仕事ももらえないまま、一念発起して渡ったパリでも、モデル事務所の担当者からダメ出し。その後パリコレクションに出演できるようになりましたが、最初は散々な評価を受けたのです。

けれど、こうした体験はすべて、自分を見つめ直す貴重なきっかけとなりました。親からもらった遺伝子を恨んでばかりでは、自分が何ひとつ変われるわけではありません。コンプレックスから目を背けるのではなく、いまある自分を受け入れる。他のモデルと並んだとき、どうすれば自分を美しく見せられるのだろう？　誰もがうらやむ美貌ではないけれど、よく言えば個性的なこの顔を、素敵に見せる技はきっとある。10代、20代はまさに自分探しの日々でした。

例えば、「好き」と「似合う」は違うことが多いものです。当時の私は、あらゆる種類のアパレルショップを巡って試着をくり返し、ファッションのプロである店員さんに意見を求めながら自分に似合う服を探求しました。さらに、素敵だと思う人をお手本に、立ち姿や歩き方、所作の一つをとっても、スタイルよくエレガントに見せる方法があることを学んだのです。また、肌も美しく保つためには、コスメに含まれる成分や働きなどもきちんと理解することが必要でした。（数年前には日本化粧品協会で本格的に勉強も始めました。学ぶうちに面白くなり、日本化粧品検定１級とコスメコンシェルジュの資格にも合格。美容がますます楽しくなり、そんな知識を活かしたヒントが詰まった、この本を作るきっかけにもなったと思います）。

それから、自分を取り巻くすべての人や物事に感謝をし、笑顔で過ごす。これもまた、「４つの魔法」とともに、母、そして父から受け継いだ大切な生きる姿勢、原点です。

「チビでデブで不細工」だった女の子は、モデルのアン ミカとなりました。努力の末に、無事パリ・コレクションの舞台に立つ夢もかなえました。タレントやシンガーとしてのお仕事もいただくようになり、大好きな化粧品のプロデュースにも携わっています。そして、ソウルメイトとも言えるダンナさまと出会うこともできました。これから先もたくさんの経験と出会いが待っているはず。ワクワク過ごせることが、とても幸せです。

## ＊美人になれない女性はいない

コンプレックスがないという人は、おそらくいないでしょう。コンプレックスこそキレイになるための才能。私はそう思っています。もしあなたが自分に対してネガティブな要素を抱えているのなら、それは自分を変えるチャンスだと、視点を変えてみませんか？

年を重ねると、顔やスタイルの変化はもちろん、健康状態までもが自信を失わせる要因となっていきます。全力でがんばってきた女性ほど、頭で感じるよりも先に、体が「疲れた」というサインを出し始めることも多いのです。例えば「未病」と言われる心身の不調もその一つ。そのようなサインをちゃんとキャッチして、自分の体をいたわってあげることは、美しく年を重ねていくための基本です。私の場合、30代で橋本病という甲状腺の病気、一昨年には手術を伴う病気を経験しました。不調もまた、自分の体と真摯に向き合うチャンス。ひどくなる前に、いまわかってよかった。そうポジティブにとらえれば、対処するすべはいくらでも見つかります。私は周りの方々からもたくさんの情報をいただきながら、克服することができました。

痛みを知っているのが、大人の女性。みなさんも多くの経験を積み、そこから学びとった知恵を持っているはずです。自分の中に1本通った芯を持ちながら、枝葉をしなやかに伸ばして必要な情報を取りに行く賢さと、それを自分のものにする柔軟さがあれば、女性は必ず美人になれます。成熟した〝心地いい美人〟を目指して、毎日を笑顔で過ごしていきたいですね。

Chapter

# 1

# 不調に気づいて、自分で治そう

# 「なんだか不調」＝「未病」への気づきこそチャンス

- 自分の**ベストな状態**と**ウイークポイント**を知っておくと、対処法が見つけやすくなる
- **選ぶ服の色**でも、心の状態が見えてくる
- 自分では気づけない変化は、**他人が見つけてくれる**

### 自分で気づく

顔色やむくみなど外見的な変化だけでなく、無意識に選んでいる服の色でも、心の状態が見えてきます。「最近暗い色の服が多いかも」なんてときは、マイナス思考に陥っていませんか？

### 他人に気づいてもらう

自分では気づきにくい変化を、家族や同僚など身近な人が見抜いてくれることもあります。外見的な指摘も、未病の自覚につながる場合があるので、真摯に受け止めましょう。

## もっと自分に興味をもって未病を当たり前にしないこと

なんとなくだるい、頭痛やめまいがする、眠れない。そんな調子の悪さを日常的に抱えている女性は多いと思います。恋愛でも「私たちつき合ってるの？　つき合ってないの？」っていう中途半端な状態は、不安ですよね（笑）。「病気じゃないけど不調」という「未病」の状態も、それと同じ。でも、一番怖いのは、不調に慣れてそれが当たり前になってしまうことです。本当の病気になる前に、「未病」を自覚することが大切。

自分の心や体がベストな状態がどうだったか、覚えていますか？　それに比べて今は？「以前よりお酒に弱くなった」「肩がこりやすくなった」など、若いときは気にもとめなかったことが、年を重ねると現れてくるものです。表情や体型など周りの人の何気ない指摘も、気づきのヒントになりますよ。がんばっている女性こそ、もっと自分に興味をもってあげてほしい。私は、30代で橋本病と診断されたとき、「だるさの原因がわかった！　なんだ、治す方法があるじゃない」と、逆にホッとしました。自分の弱さを知ることは、それに対処する方法を見出す、チャンスになるんです。

# 気づきのヒントは「四《サ》象《サン》体質」にある

**自分の体質を知っておくと未病への備えができる**

私の祖国・韓国では、体調を崩すと、西洋医学のお医者さんにかかる前に、街の韓方医に診てもらう習慣が根付いています。そこで、問診や脈診、舌診などを行った後に、「四象体質医学」に基づいたアドバイスを受けるのです。これは、人の体質を「太陰」「少陰」「太陽」「少陽」の4つに大別して考える、多くの韓国人が実践している医学。それぞれの体質によって合う食べ物や合わない食べ物、アレルギーやかかりやすい病気が異なります。自分の体質とその特徴を知っておくと、日常の食事の仕方から、健康法や美容法まで、自分に合うものを取り入れることができるのです。

私の体質は、小陰人。胃腸も弱いため、子どもの頃から母にも「ミカちゃん、体を冷やすから麦茶は飲み過ぎないで」なんて、よく言われていました。韓国人の生活の中に当たり前のように溶け込んでいる「四象体質」という考えは、自分の弱点を知り、「未病」に気づくためのヒントになるはず。ぜひ、参考にしてみてください。次の質問に応えて自分の体質を調べてみましょう。

## 自分の四象体質をCHECK!

次のＱ1～Q10の質問項目について、もっとも当てはまると思うものを、A・B・C・Dから1つずつ選んでください。Ｑ3とＱ5でC・Dに当てはまる場合は、両方を選んでください。当てはまるものがない質問は、無視しても大丈夫。合計で一番多かった記号が、あなたのタイプになります。

### Q1
**あなたの体格は?**

- **A** 体格がよく骨太で、上半身より下半身が発達している
- **B** 全体的にひょろっとやせているが、どちらかというと上半身より下半身が発達している
- **C** 上半身が発達して、すらっとした逆三角形タイプ。下半身は細め
- **D** 下半身よりも上半身が発達している。頭が大きく、首が太め

### Q2
**歩き方は?**

- **A** 歩くのが遅く、足取りが重い
- **B** うつむき加減で、力なく歩く
- **C** ハツラツとして元気よく、体を振って速く歩く
- **D** 標準タイプ

## Q3
### 汗のかき方は?

**A** 普段から汗っかき

**B** 汗はあまりかかず、少し汗を流すと疲れを感じる

**C** 汗はあまりかかず、汗を流してもさほど疲れは感じない

**D** 汗はあまりかかず、汗を流してもさほど疲れは感じない

## Q4
### 顔色は?

**A** 日に焼けたような小麦色の肌

**B** 黄みがかった肌

**C** ピンクまたは赤みがかった肌

**D** 色白

## Q5
### 手と足は?

**A** 手足は温かいが、冬にしもやけやひび割れができやすい

**B** 手足が冷たい

**C** 手足は温かい

**D** 手足は温かい

## Q6
### お肌は?

**A** 皮膚が厚めで、毛穴が目立つ

**B** 皮膚が柔らかく、うるおいがあり、キメが細かい

**C** 色白で乾燥肌

**D** 色白ではないが乾燥肌

## Q7
### 便通は?

**A** 便秘症

**B** お通じはいいほう

**C** 比較的いいほうだが、便秘気味になるとつらい

**D** お通じはよく、量も多い

## Q8
### 体調が悪くないときに思い当たる症状はありますか?

**A** 動悸がすることがある

**B** よくため息をつく

**C** 物忘れが激しいと感じることがある

**D** 足腰が弱くて長く歩けない

## Q9
### 長所だと考えられることが一番多く含まれている項目は?

**A** 正直で無口でおとなしいほうだ。振る舞いが礼儀正しく穏やか。何ごとにも慎重。一度始めたら努力と忍耐で最後までやりとげる

**B** 従順で落ち着いていて、社交的。物ごとを論理的に考え、判断が早い。学者タイプの雰囲気がある

**C** エネルギッシュで何ごとにも一生懸命取り組む。義理人情を重んじ、奉仕精神にあふれている。損得よりも人間関係を重んじることが多い

**D** 人あたりがよく社交的で、誰とでも親しくなれる。積極的で思い切りがよく、進取性に富み、想像力豊か

## Q10
### 好きな果物が一番多く入っている項目は?

**A** くり、松の実、くるみ、ぎんなん、梨、梅、杏、すもも

**B** りんご、みかん、桃、なつめ

**C** すいか、いちご、バナナ、パイナップル

**D** ぶどう、山ぶどう、柿

## Aが一番多い人は… 太陰人

体が大きくがっしりとした体格で、背の高い人が多い。頭や胸など上半身は小さく見える。太りやすく、やせている場合も体格はいい。気質は地道でいつもどっしりと構えて落ち着いている。誠実さと忍耐強さ、柔軟さを合わせ持ち、立ち居振るまいなどに威厳がある。ただし、変化を嫌うため、慎重になり過ぎる傾向も。

### 合う食べ物

胃腸の機能が発達しているので、動物性・植物性たんぱく質や低カロリーのものがいい。穀類は玄米、もち麦、小豆など、野菜は大根、れんこん、さつまいもなど、肉類は牛肉、魚介類はなまこ、ホヤ、鮭など、その他でごま、えごま、はちみつ、体を温める食品。

### おすすめの美容法

太陰人の人は肌が厚め。汗をかくのを心地よいと感じる体質なので、太陽の光を浴びて陽の「気」を取り入れ、陰の「気」を取り除こう。ただし、日焼け止めクリームは忘れずに。肌が乾燥しやすいので、ハトムギ粉を使ったパックがおすすめ。

## Bが一番多い人は… 小陰人

体が小さくてやせている。上半身は華奢だが、下半身は発達していてお尻が大きい安産体型。内気で消極的な気質だが、冷静で理性的に行動するので、集団の中でうまくやっていく能力を備えている。ただし、周りに気をつかうので、ストレスがたまりやすく、それが体調に影響してくることも。

### 合う食べ物

消化器が弱く冷汗体質なので、温かく消化のいい食べ物がおすすめ。穀類は玄米、もち米、グリーンピースなど、野菜はじゃがいも、にら、トマトなど、肉類は牛肉、鶏肉、ヤギ肉、魚介類はうなぎ、どじょう、たら、いわしなど、その他でごま、チーズ、豆乳など。

### おすすめの美容法

肌はもともと美白なので、激しいスポーツをするより、散歩をする程度の間接的な日光浴がいい。脾臓の「気」が弱く、筋肉や皮ふに栄養が行き渡りにくいので、肌は弾力を失い小じわができやすい。みかんやはちみつを使ったパックがおすすめ。

## Cが一番多い人は… 少陽人

胸部をはじめとした上半身は発達しているが、下半身は貧弱で不安定。話し方や行動がすばやく、落ち着きのないせっかちな気質。活動的で、テキパキと仕事を進めるが、熱しやすく冷めやすい、軽率なところもある。奉仕の精神が強くて、損得よりも情けに動かされるタイプ。目立ちたがりな一面も持っている。

### 合う食べ物

消化器が強く、冷たい食べ物も比較的大丈夫。新鮮で冷たい食べ物や、野菜、海産物がいい。穀類は白米、小麦、緑豆、とうもろこしなど、野菜はキャベツ、白菜、大根、サンチュなど、魚介類はえび、にしん、かき、かになど、その他でクロレラ、えごま油など。

### おすすめの美容法

もともと色が黒いほうなので、日射しに長く当たって日焼けするのはよくない。腎臓が弱点で、老廃物がスムーズに排出できずに顔がむくんだり、年齢の割に肌の衰えが速かったりする。肌の老化を防ぐアロエパック、保湿と美白に効果的なきゅうりパックがおすすめ。

## Dが一番多い人は… 太陽人

胸部をはじめとする上半身が発達していて、下半身は弱々しい逆三角形体型。頭が大きく首も太いため、長時間歩いたり立っていたりするのが苦手。積極的で社交的な気質で、決断力もあるため、社会的に有能な人も多い。一方で、こうと決めたら独断的になりがちで、繊細さに欠けるところもある。

### 合う食べ物

熱がこもりやすい体質なので、温かいものより冷たいもの、脂肪が少なくし、淡白な味の食べ物がいい。穀類は白米、麦、黒豆、そばなど、野菜は白菜、ほうれんそう、青サンチュ、なすなど、魚介類はえび、貝類、いか、たこなど、その他で緑茶、黒砂糖、チーズなど。

### おすすめの美容法

肝臓が弱いので、もともと色白だが、肝臓の「気」が弱まると、血液が行き渡らず血色が悪くなる。顔色も黒や黄褐色に変わり、シミが目立つように。熱がこもりやすいので、顔を冷やしながら毒素を取り除く豆腐パックや、肌をしっとりさせる緑豆パックがおすすめ。

# 女性の不調の最大要因・自律神経を整える

- 24時間活動できる環境が、**生体リズムを狂わせる**
- スマホやパソコンは便利なツール。けれど、それに支配されると**ストレス**になる
- ホルモンに抗ってまでがんばる女性ほど、**自律神経が乱れやすい**

## 便利さと引き換えにサーカディアンリズムが狂っている！

日の出とともに起き、日の入りとともに眠るという生活は、今や昔。深夜まで活動している現代人は、交感神経が優位なまま。体内時計が乱れ、睡眠障害などを引き起こすこともあるのです。

ブルーライトは自律神経だけでなく、ホルモンバランスを狂わせると言われます。寝ながらスマホが習慣になっていませんか？

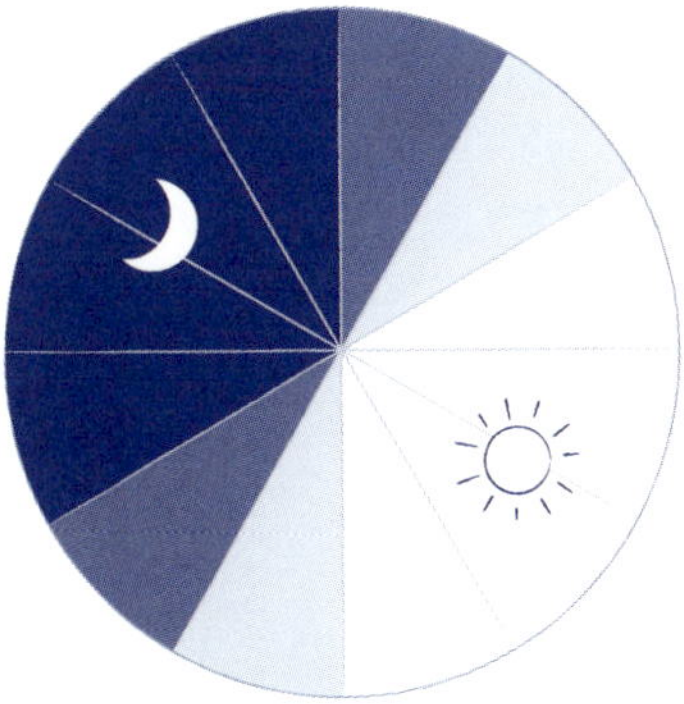

夜遅くまで働いていると、体も頭も緊張状態のまま。今日は定時に上がって明日の朝早く来る、そんな折り合いのつけ方も、ときには必要。

携帯ですぐに連絡がつく便利さは、相手の時間を支配し、自分も支配されることにつながります。気づかない内にストレスをためる原因に……。

## 24時間活動できる便利こそが体のリズムを狂わせる

パソコンやスマホが当たり前のように身近にあり、世の中はどんどん便利になっています。じつはそれこそ、未病が増える要因ではないかしら。24時間灯りがともり、スマホやパソコンのブルーライトに照らされていると、体に備わっているサーカディアンリズム（体内時計）が狂い始めます。その影響で他の生体リズムまでおかしくなってしまう。筆頭が、交感神経と副交感神経からなる自律神経です。

体が常に活動モードに入っている現代人は、交感神経が優位になりっぱなし。さらに、「既読なのに、なんで返信がないの？」なんて余計なイライラまで抱えてストレスもいっぱい。残業も厭わずがんばって働いていたら、ホルモンバランスが崩れて自律神経失調症になってしまった、そんな女性も少なくないのでは？

かくいう私も、30代は仕事を詰め込み過ぎて、体調を崩した当事者です。その経験から学んだ自律神経を整えるためのアプローチ法を、ご紹介していきます。

自律神経の整え方
1

# 質のいい睡眠で、戦闘モードをオフにする

◆ 部屋の灯りを少しずつ落として、**体内時計**を寝る態勢にする

◆ **ブルーライト**は安眠の大敵！寝る前にスマホやＰＣは極力見ない

◆ 寝る直前は**糖質を控えて**、内臓を休ませる

◆ **腹式呼吸**で心と体をリラックス

## 心と体をゆるめる睡眠には眠る前の環境作りが大切

自律神経が乱れがちな人は、オンとオフのスイッチの切り替えが上手にできません。常にオンの緊張状態だから、ベッドに入ってもなかなか寝つけず、眠りが浅くなることも多いはず。じつは睡眠こそ、副交感神経を優位に切り替える重要な時間。睡眠の質をよくするために、さまざまな方法で眠る前の環境を整えることが、自律神経を整えることにつながるのです。

例えば、寝る直前にいきなり部屋の電気を消すのではなく、徐々に灯りを落とす。スマホやパソコン、テレビも極力見ない。こうしてゆっくりと、体内のリズムを戦闘モードからお休みモードへと導きましょう。

仕事柄、深夜まで働くことも多い私ですが、早く帰宅した日は、ダンナさまと一緒に早めにベッドに入るようにしています。二人でおしゃべりをしたりスキンシップをとったり、心からリラックスできる幸せな時間が、心と体の緊張をゆるめてくれるのです。

## 1
### 寝る30分前からスマホやPC、テレビは消す

P.27でも書きましたが、スマホやパソコンから出るブルーライトは、自律神経を乱れさせる要因です。テレビの音や光も体内時計のリズムを整えるジャマに。遅くとも寝る30分前には消しましょう。

## 2
### ベッドに入る前から部屋を徐々に暗くする

部屋の電気を消したら、枕元のライトやフットライトをつけて、少しずつ光量を絞っていく。まるで日が沈むように少しずつ暗い状態にするのも、眠る態勢へと導くのに有効です。

## 3
### 腹式呼吸で副交感神経を優位にする

おなかをふくらませるようにして、鼻から息を吸い込み、口または鼻からゆっくりと吐き出す腹式呼吸。吐くときに副交感神経が優位になるので、息をしっかりと吐き切りましょう。

## 4
### 寝る直前は、糖質の摂取を控える

寝ている間も働き続ける肝臓は、糖の代謝にも重要な器官です。寝る直前に糖質をとると、肝臓にはさらに負担がかかり、翌朝のだるさの原因に。夜中のストレス食いは、不調を招く悪循環になると心得て。

自律神経の整え方 2

# 筋肉の緊張をほぐすと心もほぐれる

◆ 筋肉がほぐれると、**副交感神経**が優位になり、心も体もリラックスできる

◆ ストレッチを習慣にすると、血流がよくなり、**冷え改善**や**代謝アップ**につながる

◆ **骨盤ストレッチ**は、骨盤の歪み矯正や生理痛の改善に有効

## ストレッチを習慣にすればダイエットや未病対策にも効果

仕事中もそうですが、心と体が緊張状態にあるときって、筋肉ももれなく緊張して硬くなっていますよね。筋肉が緊張すると、血管も収縮して血流が滞ります。これこそ、交感神経が優位になっている状態。筋肉が緊張したままだと、こりや冷えなどさまざまな不調につながります。オフの時間は、意識して筋肉をほぐしてあげましょう。

副交感神経が優位になれば、心の緊張もゆるんでリラックスできますし、血流もよくなるので体が温まります。さらに、代謝がアップしますから、やせやすくなる。まさにいいことずくめ！

私は、朝晩ストレッチを行っています。難しいことは続かないけれど、簡単なストレッチなら習慣にしてしまえるので、おすすめですよ。とくに骨盤周りのストレッチは、歪みを正して骨盤内の血流をよくする効果もあるので、生理痛などに悩んでいる人は、ぜひ試してみてください。

# 朝の目覚めの体操

心臓より下にある手足を動かすと、体全体に血液が巡ります。頭と体を目覚めさせるのにおすすめ。筋肉が緊張している寒い日の朝には、とくに有効です。寝る前に行ってもOK。

ここに効く!

- 全身の血流がよくなる
- 手や足の筋肉がほぐれて、むくみ改善に役立つ

## 1

### 仰向けに寝たまま 両手で両ひざを抱える

布団に仰向けに横たわったまま、両ひざを胸まで引き寄せて、両腕で抱えるようにします。息を止めずにリラックスした状態で、背中の筋肉がグッと伸びるのを意識して。

Point

### 手首・足首の力を抜く

腕や足を揺らすと、手先や足先も一緒にプラプラ揺れるくらいに、手首と足首の力も完全に抜きます。

## 2

### 手足を上げて同時に ぶらぶら動かす

両腕と両脚を上げて、逆さ四つん這いのような体勢に。力を抜いたまま、手足をぶらぶらと大きく揺らします。

# 入浴後の骨盤ストレッチ

お風呂上がりなど体が温まった状態で行うと、筋肉がほぐれてスムーズに骨盤を動かせます。自分の骨盤の状態がわかるので、歪んでいる方に働きかけて整えやすいのがメリット。

ここに効く!

- 自分の骨盤の歪み方がわかる
- 歪んだ骨盤を矯正する
- お尻～太ももの血流がよくなる
- 骨盤内の血流がよくなり、生理痛の改善が期待できる
- 下半身のむくみが改善する

## 1
### 仰向けに寝たまま両手で両ひざを抱える

リラックスした状態で仰向けに寝て、両腕は真横に広げます。両脚を揃えてのばし、足首の力も抜いて、つま先は自然に立てます。このときの足先の開き方をチェックしましょう。

Point
**足先の開き方で歪みがわかる**

足首をつけた状態で、つま先が横により開いているほうの骨盤が、歪んでいます。

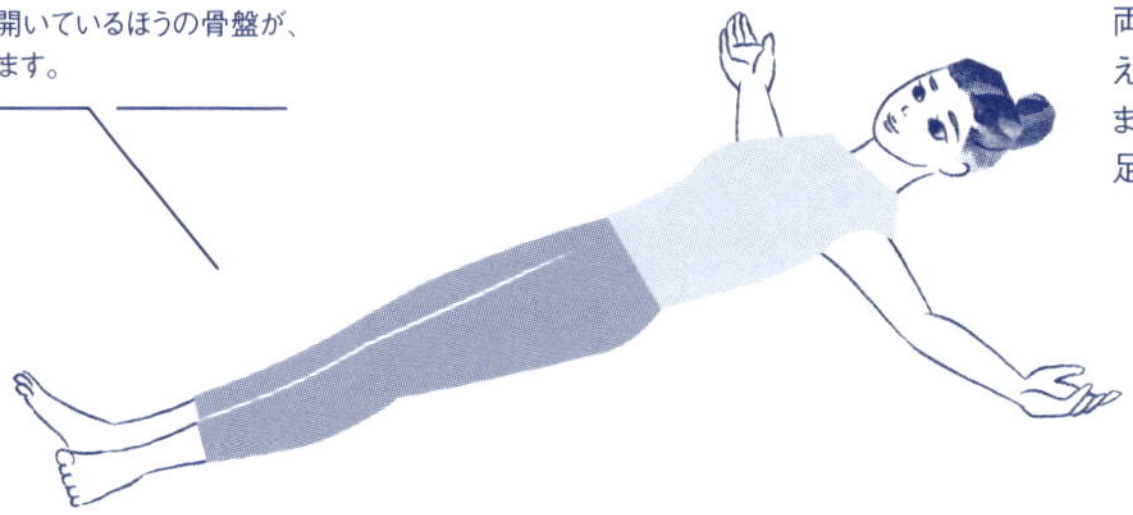

## 2
### 片脚のひざを90度に曲げ逆側に倒す

右脚をひざから90度に曲げたら、左手で支えながら左脚側にグイッと倒します。左脚も同様に行います。倒れにくい側の骨盤が開いているので、力を入れ過ぎないようにくり返して。

Point
**肩は下につける**

倒している脚側の肩が、はずみで浮き上がらないように注意。脚がピタッと倒れなくてもいいので、肩は下につけたまま行いましょう。

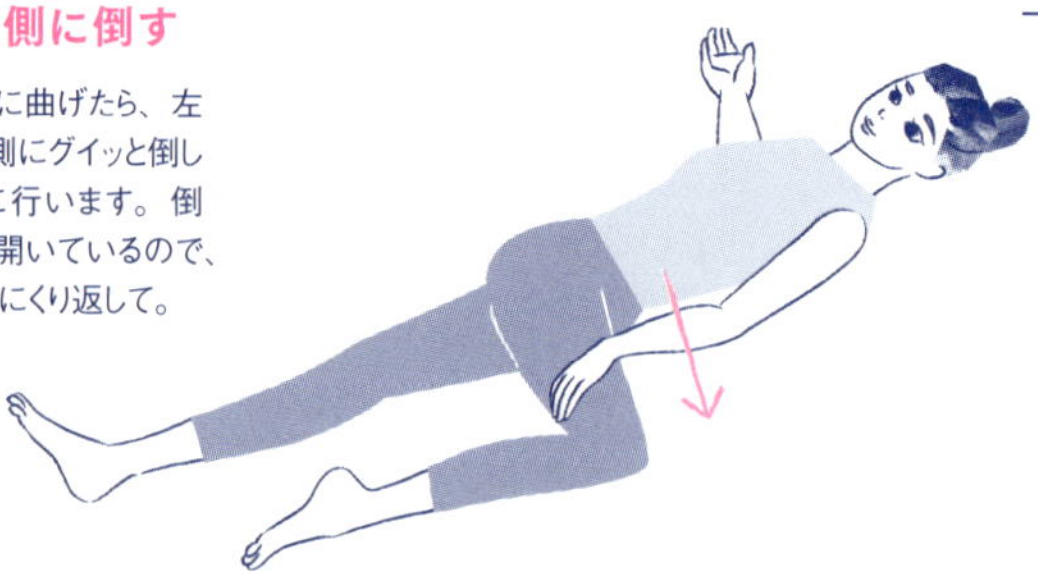

## 3
### 上体を起こしたまま両脚を揃えて伸ばす

上体を起こして、地面と垂直になるように背すじをのばします。両手を体の横に自然に置いたら、1と同じように両脚の力を抜いてのばし、つま先は自然に立てます。

## 4
### 片脚のひざを曲げて

右脚を曲げて、かかとを左脚のひざ上〜太ももあたりにのせたら、手で押しながら右ひざを下に倒して広げます。左脚も同じように行います。倒れにくいほうへくり返すと効果的。

Point

**背すじをのばす**

脚を倒しているときに、背中が丸まらないように注意しましょう。背すじをのばしたまま行うことで、腹筋や背筋も刺激できます。

自律神経の整え方
3

# 手と足を温めるだけで脳がリラックスする

◆下方に引っ張られ続けている腕の筋肉は、考えている以上に**こり固まっている**

◆腕をほぐすと、**全身の血流**もよくなる

◆手浴で温めると、**脳からα波が出て**リラックス状態に

## 腕を温めるだけでα波が出てリラックスできる

エステの施術中、腕や手をマッサージしてもらった途端、カクンと落ちて眠ってしまったことってありませんか？　肩や首、頭をマッサージしてもらっているとき以上に、私は腕を触ってもらっているときの寝落ちが気持ちいい（笑）。ほんの短い時間でも、頭がスッキリするんです。ボディセラピストをしている妹いわく、「腕は脳だもの！」とのこと。

常に心臓より下にあって、かばんを持つ動作などで下方に引っ張られ続けている腕の筋肉は、体の中でもとくにこり固まっているパーツです。腕がこると肩や首、腰までダメージが及ぶことも。つまり、腕をほぐすだけで血流がよくなり、全身がゆるむと言っても過言ではないのです。しかも、腕を温めると脳内にα波が出てきて、リラックス状態になるそう！

そこでおすすめなのが、手浴です。足浴とセットで行うと、短時間で効率よく全身が温まり、疲れもとれますよ。

# 手足浴で全身ポカポカに

手首や足首までをお湯で温めると、末端から血流が促されて、全身がポカポカに温まります。手首を温めるだけで、腕から肩までの筋肉がゆるんでくるのを実感できるはず。精油を加えるアロマ浴にすれば、リラクゼーション効果はさらにアップ。

ここに効く!
- 末端を温めて全身の血行を促す
- アロマの効果でリラックスできる

**用意するもの**
- 平たい洗面器
- 43度くらいの熱めのお湯（足し湯を入れたケトル）
- バスタオル
- 好きな香りの精油

## 1
## 手首までお湯につけ精油を1滴垂らす

洗面器にお湯を入れたら、好きな香りの精油を1滴垂らしてかき混ぜます。湯の中に手首がつかるまで入れます。冷めたらすぐお湯を足せるように、足し湯を入れたケトルをそばに置いて。

## 2
## バスタオルを頭からかぶり蒸気浴をする

手を湯につけたまま、座って大きめのバスタオルを頭からかぶります。アロマの香る蒸気を吸い込みながら、全身が温まるまで蒸気浴を行います。足首まで湯につける足浴も、同じ要領で行うと、さらに温まります。

自律神経の整え方 4

# 植物の香りを味方につけて、心身を癒す

◆ 香りを感じる嗅覚は、**生命維持に関わる感覚**で、原始的な脳がつかさどっている

◆ 植物の香りが脳に伝わり、自律神経、ホルモン、免疫、精神面などの**バランス改善**に作用

## アロマが脳でキャッチされ心と体のバランス改善に働く

手足浴でも使用した精油は、植物の花や茎、葉、種子などから抽出したエキスで、天然の香料です。アロマテラピーなどで、みなさんもよくご存じですよね。

香りを感じ取る嗅覚は、大脳辺縁系という脳の中でも古い部分がつかさどります。そもそも原始の時代から、このお肉は腐っている？　だいじょうぶ？　と、ニオイで判断していたわけですから、まさに生命に関わる重要な感覚ですよね。

精油の香りが脳でキャッチされると、自律神経やホルモン、免疫などに作用してバランスが改善されたり、精神的な作用によって気分が落ち着く、昂揚するといった効果が得られたりするのです。

植物って、本当にすごい！　生きているときは、人間の吐き出す二酸化炭素を吸って酸素を出してくれ、野菜となって栄養を与えてくれる。やがては漢方薬や精油となって、人間の体を支えてくれるのです。

大人の女性はぜひ、この植物の力を上手に味方につけてほしいと思います。

# 不調の改善に役立つおすすめアロマ

アロマを学び、NARD JAPAN認定アロマ・アドバイザー資格も取得した私が、「未病」の予防や改善にぜひ取り入れてみてほしいアロマをご紹介します。

### イライラ
- ゼラニウム
- グレープフルーツ
- レモン

### 生理痛
- ラベンダー
- ローズウッド
- クラリセージ

### むくみ
- ジュニパー
- ゼラニウム

### 肩こり
- ラベンダー
- ローズマリー
- レモングラス

### アロマオイルの使い方

マッサージで肌に使用する場合は、精油の希釈濃度を1%以下に。キャリアオイル50㎖：精油10滴が約1%です。

### 不眠
- ラベンダー
- カモミールローマン
- スイートマジョラム

※ローズマリーは血流を促し過ぎるので、高血圧の人は使用を控えてください。妊娠中の人は避けたほうがいいアロマもあるので、使用する際は注意しましょう。

自律神経の整え方
5

# 女性の三大漢方薬で、めぐりのいい体になる

◆漢方薬は、**「未病」の強い味方**

◆一つの薬に**複数の生薬**が入っているので、同時にさまざまな不調に効く

◆飲み続けることで、**体質そのもの**を改善に導く

◆体調の変化に合わせて、**2~3カ月ごとに**薬を見直す相談を

## 複数の生薬が入った漢方薬はさまざまな不調へアプローチ

テレビ番組で共演させていただくドクターがたと、漢方薬の話題で盛り上がることがあります。「どうしてそんなにお詳しいんですか?」と尋ねると、「うちのクリニックでも出しているよ」というお返事。たしかに、西洋医学の病院でも漢方薬を処方しているところが増えてきました。漢方スタイリストの資格を持ち、今も勉強中の私にとっても、漢方薬をもっと身近にしたいというのは、大きな課題です。

漢方薬は、一つの薬の中に複数の生薬が入っていて、さまざまな不調を同時にカバーしてくれるのが特徴。体質そのものを改善に導くので、自律神経の乱れによる不調など、病院に行くほどではないけれど、なんとかしたい「未病」の強い味方なのです。ただし、同じ生薬が入っている場合もあり、複数の漢方薬を同時に飲むと副作用が出てしまうことも。できれば専門の漢方医に処方してもらうと安心です。体の変化に合わせて、2~3カ月おきに薬の内容を見直すことも大切ですよ。

(協力)薬日本堂漢方スクール 齋藤友香里さん

# 女性特有の不調の改善にも聞く3大漢方薬

| 桂枝茯苓丸《けいしぶくりょうがん》 | 加味逍遙散《かみしょうようさん》 | 当帰芍薬散《とうきしゃくやくさん》 |
| --- | --- | --- |
| **気 水 のめぐり改善** | **気 血 のめぐり改善** | **水 血 のめぐり改善** |
| 「血」の流れが滞り、「水」のめぐりも偏って、上半身はのぼせた状態、下半身は冷えた状態の人に。全身に血行を促し、月経痛など月経トラブルも改善します。 | 「血」が不足し、たまった「気」によって熱がこもった状態の人に。熱を冷やし、交感神経を鎮めてイライラやのぼせを改善。血行も促します。更年期の症状にも対応。 | 体力虚弱で疲れやすい人、「血」が不足し、冷え症で貧血の傾向がある人に。血行を促して全身に栄養を与えながら、余分な水分を取り除いて、冷えや月経トラブルに対処します。 |
| **• こんな症状に •**<br>のぼせ　下半身の冷え<br>肌あれ　月経痛　むくみ | **• こんな症状に •**<br>イライラ　更年期障害<br>PMS　月経痛　肩こり | **• こんな症状に •**<br>月経痛　むくみ<br>めまい　肩こり　頭痛 |

## 「気」「血」「水」とは？

漢方の考え方で、人の体を構成するのが3つの要素。これらは互いに影響し合っていて、どれかが不足したり滞ったりすると、バランスが崩れて不調の原因になるのです。

**気**

体の機能を動かすエネルギー源。血液や水分の流れをスムーズにし、組織や器官を活性化します。

**水**

体中をめぐる体液のように、全身の細胞をうるおして活動をスムーズにし、不要なものを排出します。

**血**

全身の組織・器官をめぐって栄養を与え、うるおいを与え、よい体と精神状態を保ちます。

## 知っておくと役立つ漢方薬

**柴胡加竜骨牡蛎湯《さいこかりゅうこつぼれいとう》**

疲れやストレスなどで「気」のめぐりが滞っている人に。体にこもった熱を冷まして、交感神経を鎮め、イライラを抑えて気分を落ち着かせます。不眠の改善にも。

**十全大補湯《じゅうぜんたいほとう》**

疲れて元気が出ない、なんとなくだるいという倦怠感、術後や産後の回復、貧血にもいい。「気」「血」を補う漢方薬。

**半夏厚朴湯《はんげこうぼくとう》**

疲れやすく、ストレスで「気」のめぐりが滞っている人に。気分を落ち着かせてのどがつまったような違和感を取りのぞき、吐き気や咳を鎮めます。冷えの改善にも。

※甘草は1日5gを上限に、麻黄や附子も複数の漢方薬で重複してとり過ぎないよう注意しましょう。

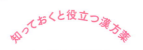

自律神経の整え方 6

# ツボ刺激で今の不調も改善

◆ **ツボは「気」の入り口**。刺激することで、「血」「水」のめぐりもよくなる

◆ 不調を改善するだけでなく、**「未病」を招きにくい体**になる

◆ アジア人は**痛点が少ない**ため、ツボ刺激に向いている

◆ **温める**、**押す**など、ツボに合った方法で刺激すると効果的

## ツボ刺激で「気」「血」「水」のめぐりのバランスがよくなる

漢方薬でもお話しした、「気」「血」「水」の不足や滞りによって起こる不調の改善策として、ツボへのアプローチがあります。現在では世界保健機関（WHO）でも効果が認められているとか！　ツボは「気」の出入り口。ここを刺激することで「気」の流れがスムーズになり、「血」「水」のめぐりもよくなるのです。冷えやむくみなど症状別に作用するツボがあるので、女性に多い不調に効果的なツボを、いくつか覚えておくといいですよ。

ツボを刺激することで「気」「血」「水」のバランスが改善しますから、今抱えている不調そのものに対処できるだけでなく、自律神経も整って、「未病」を招きにくい体作りにも役立ちます。

じつはアジア人は、西洋人に比べて痛点が少ないため痛みに強い。だから、ツボ刺激に向いているんです。押す、温める、マッサージするなど、体の部位によってさまざまな刺激の仕方がありますが、どれも手軽にできるものばかり。試して効果を実感してみてください。

# 覚えておくと便利! 女性にうれしいツボMAP

女性に多い不調を改善するツボを、背中・腰・頭・手・足の各パーツからご紹介します。気づいたときにこまめにツボを刺激して、「未病」の予防にも役立ててください!

## 背中・腰

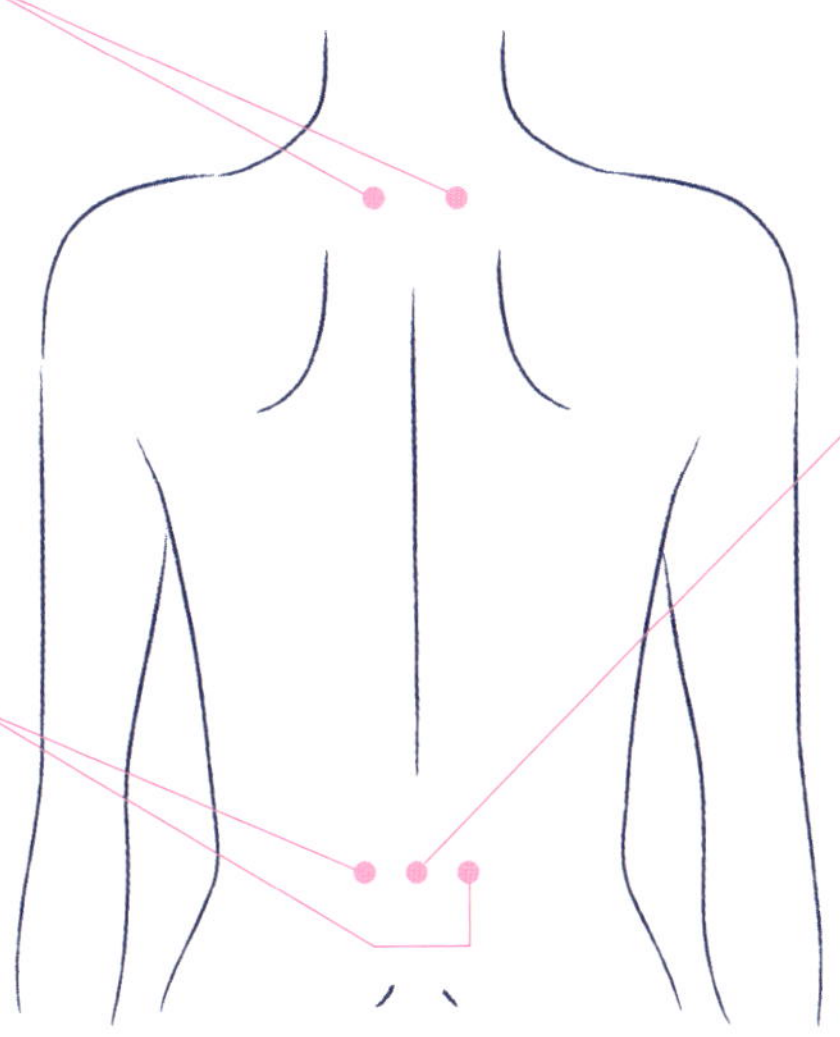

### 風門《ふうもん》

風邪の入り口とされ、このツボにカイロや蒸しタオルを置いて温めると、風邪予防ができます。褐色脂肪細胞の多い部分なので、温めて血流を促すことで、やせやすくなる効果も!

風邪 肩こり 頭痛

### 腎兪《じんゆ》

命門から指2本分ほど外側で、左右にあります。消化器官や生殖器官などをつかさどるツボで、デトックス作用もあり、温めると効果的。腰痛のツボとしてもおなじみです。

むくみ 腰痛 月経不順

### 命門《めいもん》

おへその間裏、体の中心を通る線上にあるツボです。「生命の門」と言われる通り、エネルギーが集まる重要な場所。温めて血流を促すことで、免疫力アップにも役立ちます。

冷え 腰痛 月経不順

**背中・腰のツボは温めると効果的!**

手で押しにくい場所ですし、温めると血流もよくなります。一直線上にある命門と腎兪には、大きめのカイロを貼るといいですね。蒸しタオルやお灸もおすすめ。最近は、熱さが選べて跡の残らないお灸も出ていますよ。

# 頭

## 百会《ひゃくえ》

左右の耳の穴をつないだ線と、眉間の中心から頭のてっぺんにつながる線とが交わる部分にあり、自律神経に働く万能のツボと言われます。

頭痛　めまい　肩こり　不眠

## 神庭《しんてい》

眉間の真ん中から頭頂に向かうライン上で、生え際から5mmほど上がった場所にあります。刺激によって脳の疲れをとり、自律神経を整える働きも。

頭痛　めまい　不眠

## 目窓《もくそう》

瞳の真上を通るラインで、髪の生え際から親指1本分ほど奥にあります。ゆっくり押して刺激することで眼精疲労の改善に有効です。

頭痛　めまい　疲れ目

## 風池《ふうち》

うなじのくぼみ2～3cmほどの外側で、髪の生え際よりも少し上にあるツボで、刺激によって肩の筋肉の緊張がほぐれ、頭痛もやわらぎます。

頭痛　肩こり　疲れ目

## 天柱《てんちゅう》

首の後ろ側で耳の後ろの髪の生え際に位置します。スカーフやマフラーにカイロを入れて首に巻くだけでも、効果的。

頭痛　肩こり　疲れ目　めまい　抜け毛

## 角孫《かくそん》

耳を前に折り曲げたとき、耳の一番上が当たる生え際のあたりにあります。グリグリ刺激すると頭全体がスッキリします。

頭痛　めまい　疲れ目

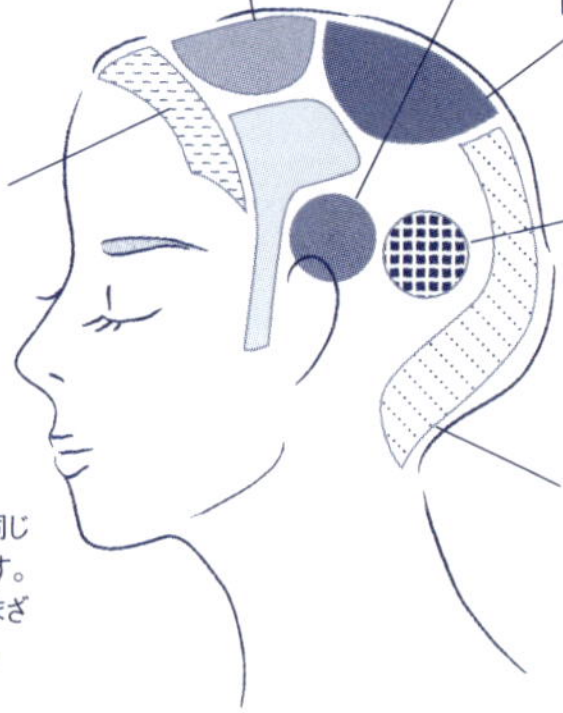


## 頭の反射区

頭には、ツボだけでなく足裏と同じように多くの反射区があります。頭部を刺激すると、内臓などさまざまな器官を活性化できるのです。

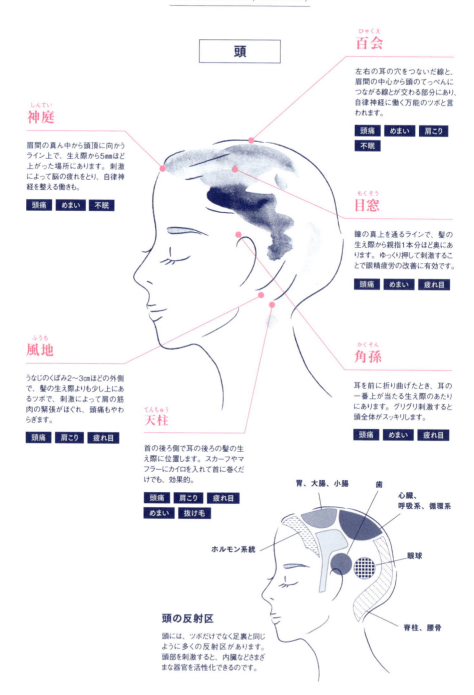

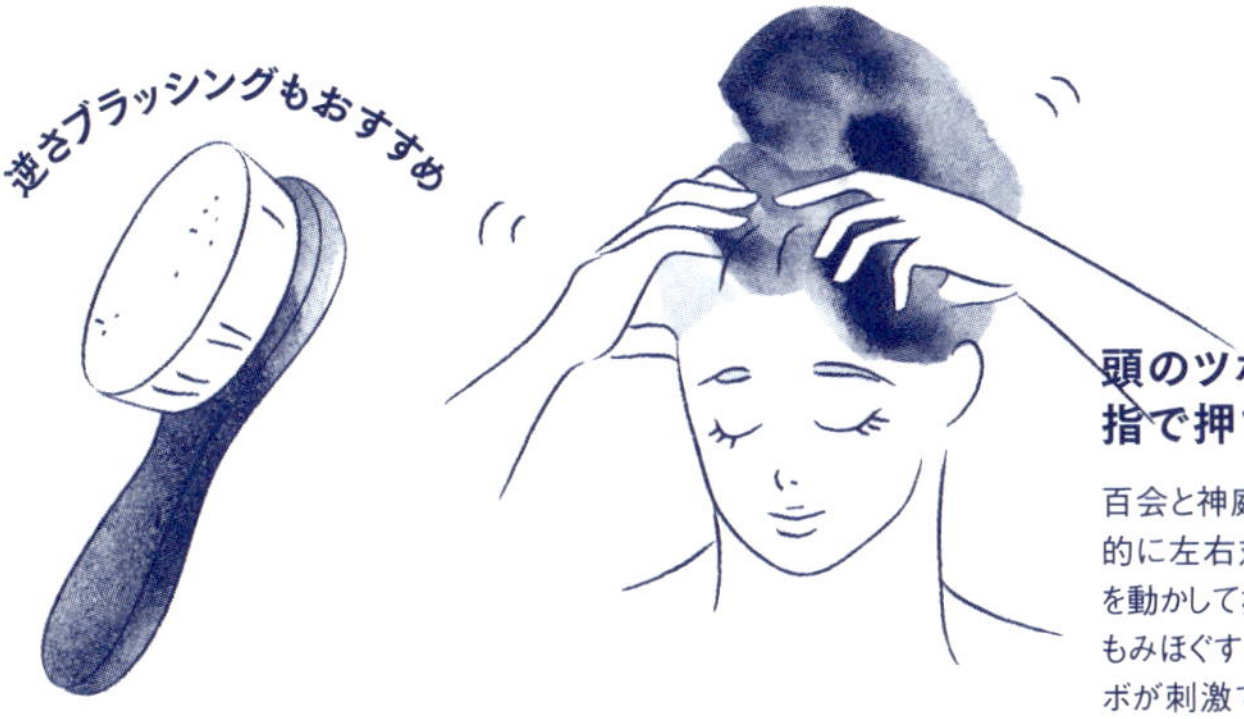


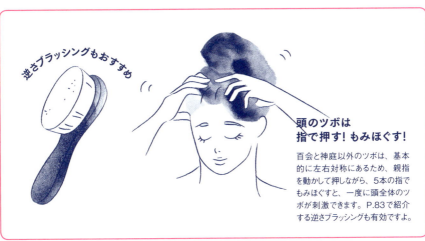

**頭のツボは**
**指で押す！ もみほぐす！**

百会と神庭以外のツボは、基本的に左右対称にあるため、親指を動かして押しながら、5本の指でもみほぐすと、一度に頭全体のツボが刺激できます。P.83で紹介する逆さブラッシングも有効ですよ。

## 手・足

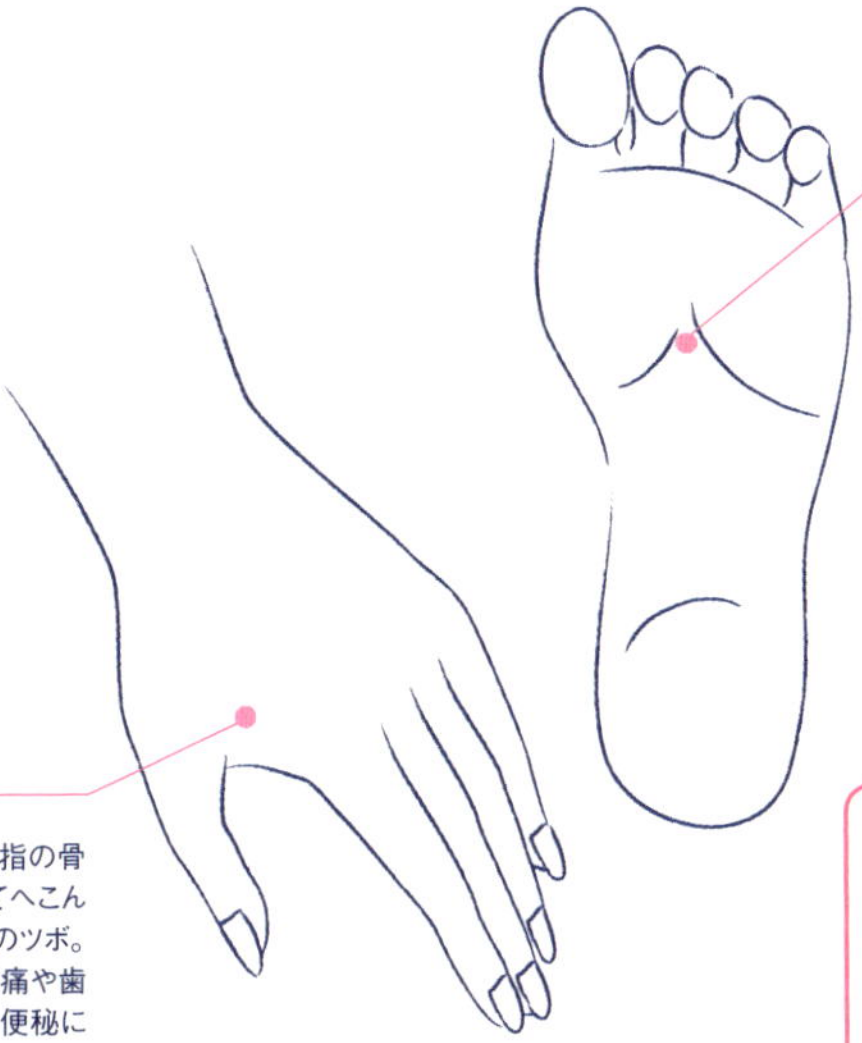

### 湧泉《ゆうせん》

足の裏で土踏まずの真ん中よりやや上のあたりにある。元気が湧いてくるというツボで、刺激によって疲労を回復し、冷えやむくみ、こりなどを改善。月経痛などもやわらげます。

冷え　疲労　肩こり　月経痛

### 合谷《ごうこく》

親指のつけ根で、人差し指の骨と、親指の骨が合わさってへこんでいる部分にある、万能のツボ。指でグッと刺激すると、頭痛や歯痛など体の痛みを緩和。便秘にも効果的です。

頭痛　肩こり　ストレス　歯痛　風邪　便秘

**手足のツボは**
**スキマ時間に指圧！**

テレビを見ながら合谷をグッと押したり、ゴルフボールで足裏をゴロゴロしたり。スキマ時間をムダなく使って、こまめに刺激することで、不調の予防・改善に効果を発揮します。

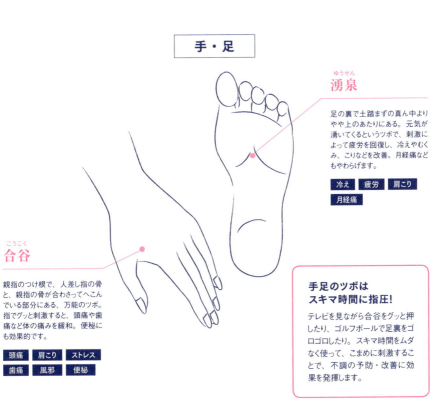

自律神経の
整え方
7

# 食を見直すと、腸から元気になれる

◆ ゆったりリラックスした状態で食事をすると、副交感神経が優位になる

◆ しっかり噛みしめて唾液を出すことが、消化をうながし、免疫力アップにつながる

◆ 「孫《まご》子《こ》はやさしいよ」で、バランスのいい食事をとる

## 食べ物に感謝しながらしっかり味わうことが大切

攻撃的にごはんを食べる人って、あまりいませんよね。食事中は本来、副交感神経が優位になっているので、リラックスした状態になるはず。ゆっくり噛みしめると、唾液がたくさん出てきて、免疫力も高めてくれるんです。

ところが、イライラした状態で食事をすると、交感神経が優位になり唾液の分泌が抑えられてしまう。口の中が渇いた状態では、おいしいものもちゃんと味わえません。

じつは私も、甲状腺を悪くして自律神経が乱れ過ぎた時期、食べ物の味がよくわからず、ニオイも感じなくなったことがあります。食事が楽しめないのは、やはり寂しいこと。食事をするときくらいは、仕事の手を止めて、食べ物に感謝し、ゆったりした気持ちでいただきたいですね。これが、自律神経を整えて消化をよくすることにもつながります。

腸を元気にし、体の中から健康になるためには、昔から言われる「孫子はやさしいよ」の食材を、意識してとることも大切ですよ。

# 孫子はやさしいよ

バランスのいい食事に欠かせない食材の、頭文字をとった言葉です。毎日の食事で、積極的に取り入れましょう。

**ま**

## 豆類

大豆には、植物性たんぱく質や、ビタミンEなどのアンチエイジング成分、サポニン、レシチン、イソフラボンなどの抗酸化成分も多く含まれます。

**ご**

## ごま

たんぱく質やビタミン、ミネラルなどが多く含まれる栄養の宝庫。健康成分のセサミンにも、若返り効果などの期待が集まっています。

**こ**

## 米（なるべく玄米）

玄米の胚芽部分には、食物繊維、ビタミン、ミネラルなどさまざま栄養成分がぎっしり。なるべく玄米食を取り入れるようにしてみては。

**は**

## わかめ（海藻類）

海藻には水溶性食物繊維が豊富。便秘改善などにおすすめです。最近注目されているミネラルで、美肌効果などが期待できる珪素も含まれます。

**や**

## 野菜

ビタミンや食物繊維が豊富。また、野菜の色素などに含まれ、抗酸化力や免疫力アップに役立つフィトケミカルという化学物質も注目されています。

**さ**

## 魚

たんぱく質だけでなく、血中のコレステロール値を下げて血液をサラサラにする働きのある、DHAやEPAなどのオメガ3脂肪酸もとれます。

**し**

## しいたけ（きのこ類）

食物繊維が豊富で、免疫力を上げてくれるきのこ類。カロリーも低いので、ダイエットにもおすすめです。

**い**

## イモ類

不溶性の食物繊維が多く、水溶性食物繊維と合わせてバランスよくとることで、腸内環境を整えます。ビタミンCも含まれます。

**よ**

## ヨーグルト（発酵食品）

乳酸菌を含み、腸内環境を整えます。ヨーグルトだけでなく、納豆やキムチ、みそなど植物性の発酵食品も、しっかりとりましょう。

自律神経の整え方
8

# 皮ふへの刺激で体も脳も喜ぶ

◆ **乾布摩擦**で全身の血流がよくなり、むくみもとれる

◆ **肌への刺激**が、副交感神経を優位にし、免疫力も高まる

◆ 気分が**落ち着く**

## 布で肌をこするだけで健康効果がもりだくさん！

私が以前から「これはすごくいい！」と実践しているのが、乾布摩擦です。昔からある健康法ですが、代謝をアップするのでダイエットにもいいと、最近また注目されていますよね。乾いた布で、肌をこするだけ。本当に簡単！

皮ふを刺激することで、血流がよくなるから、体全体が温まってきますし、むくみもとれてスッキリ。自律神経に作用して、副交感神経を優位にするため、筋肉の緊張もほぐれます。免疫力も高まるので、風邪予防などにも効果が期待できます。

さらに東洋医学の考えでは、皮ふを鍛えて肺・腎機能を高めるとも言われます。何より実際に乾布摩擦をしてみると、肌への刺激が心地よく、気分が落ち着くのを実感できますよ。手や腕、首まわりを布でこするだけでもいいので、オフィスで休憩時間に試してみるのもおすすめ。

ただし、肌が濡れた状態で行うと、皮ふを傷つけてしまうので、必ず乾いた状態で、乾いた布を使って摩擦するようにしましょう。

# 乾布摩擦で血行も免疫もアップ

乾いた布で肌をこすると、皮ふの下の血管が刺激されて血流が促されます。体中のめぐりがよくなり、免疫力も高まるのです。服を着たまま行っても、十分な効果が得られますよ。

ここに効く!

- 血行促進
- 免疫力が高まる
- 冷えを改善
- 代謝がよくなる
- むくみがとれる

## タオルの結び目でやさしく刺激して

絹または綿の布かタオルを用意し、真ん中で結びます。結び目のコブで刺激するように、背中をこすります。服のままで行う場合は、絹や綿など自然素材のシャツを着用すること。

※ナイロンなどの化学繊維はNG。必ず綿や絹など自然素材の布を使用しましょう。また、肌の弱い人は注意して行ってください。

### 手や首をさするだけでもOK!

ハンカチやタオルなどを使って、手や腕、首や肩などを軽くさするだけでも、乾布摩擦効果が得られるので、気軽に試してみてください。

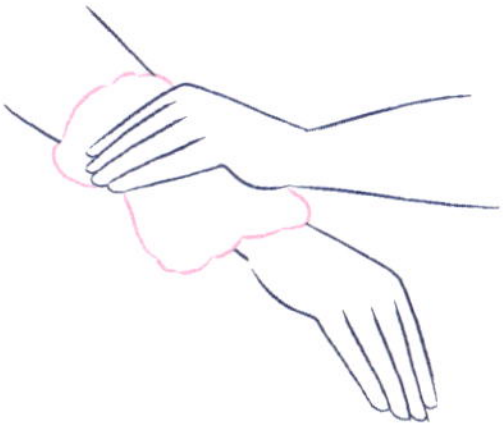

# 口の中のお清めで、体もデトックスできる

- **舌の色**や**厚み**から、内臓の状態がわかる
- 理想的な舌は「**淡紅舌薄白苔**」
- 舌苔がつきすぎると、**口臭の原因**になることも
- 目覚めた直後の舌は、雑菌だらけ。舌を清めて**雑菌をブロック**

# 舌で健康状態がわかる

毎朝、舌のチェックを行う習慣をつけてみては？ 顔を洗うときに、一緒に舌や口の中をキレイに清めると、スッキリとした気分で一日がスタートしますよ。

**Good!**

- 淡いピンク色
- 適度にハリと厚みがある
- うっすらと苔がある

**Bad!**

- 白っぽい、または紫色
- 薄くてハリがない
- 苔が黄色、または白くびっしり生えている
- 舌の周りに歯型がつく

## 口の清め方

**用意するもの**

- 水コップ …… 1杯
- クエン酸 …… ひとつまみ
- 重曹 …… 1杯

水にクエン酸と重層を入れてよく混ぜたら、口に含んで何回かすすぎます。消臭・殺菌効果があるので、市販の口内洗浄液を買わなくても十分。しかも安上がりです！

## 毎日の舌チェックは体調を知る手がかりになる

韓国で韓方医にかかるとき、必ず診られる舌は、内臓の状態を示す重要な器官です。ふだん、舌の様子を気にしたことがないという人は、鏡で一度チェックしてみてください。東洋医学では、理想的な舌を「淡紅舌薄白苔」、つまり淡いピンク色で適度な厚みとハリがあって、舌苔はうっすら白く覆っている状態としています。舌が紫色なら「血」が滞っていて、白っぽいなら貧血気味。厚みやハリがなければ「気」が薄くなって栄養や水分不足。舌の周りに歯型がついていたら、水分代謝が悪くてむくんでいる証拠です。また、舌表面に細菌や食べカスなどがたまってできる舌苔も、白くびっしり生えていたら、糖質のとり過ぎで体が冷えている、黄色ければ熱がこもって胃腸が疲れているせい。舌苔は磨き過ぎると舌の粘膜を傷つけますが、口臭の原因になることも。とくに朝、目覚めた直後の舌は、雑菌だらけ。体の中に雑菌を入れないように、私は寝起きすぐのうがいを習慣にし、週に2度は舌のお清めもしています。口内がキレイになると、そこから発する言葉も清められる気がして、気持ちがいいですよ。

# アンチエイジングではなく、ウエルカムエイジング

- **エストロゲン**の分泌量は、30代後半から減少し、50歳前後で急激にダウンする
- **更年期障害**も、知識や情報を備えておけば、必要以上に恐れることはない
- **健康・美容情報**はシェアしあって、互いに賢くなる
- つらいときは、**素直に声に出して**まわりに頼っていい
- 加齢を**楽しく受け入れる**、しなやかさを持つ

## 楽しくて役立つ話題を提供できる女性になろう!

他人の噂話や悪口なんて、誰の得にもなりません。賢く年を重ねてきた女性は、いろんな情報や知識をシェアしあって、互いに高めあえる友人をたくさん持っています。

### いろんな痛みを経験すると女性は賢くしなやかになれる

女性は年齢を重ねると、不調もホルモンに影響されたものへと変わっていきます。女性ホルモンの1つ、エストロゲンの分泌量は、30代後半から減り始め、50歳前後で急激に低下するそう。肌や髪のハリ・つやが失われるといった美容面での衰えはもちろん、ホルモンバランスが崩れて起きる更年期障害も、憂鬱な問題ですよね。

私も40代になり、エイジングを意識する機会は増えました。でも、じつはそれほど恐れてはいないんです。だって私は、30代から甲状腺の病気をはじめ、いろんな不調の経験者。それらに対処する知恵も、いっぱいついていますから（笑）。おかげで健康・美容情報を集めるのが大好きだし、それを周りにシェアして喜んでもらうのも大好き。友だちからも新しい情報をもらい、互いにどんどん賢くなっています。

どうしても体がつらいときは、「今日はしんどいから、ごめん！」と素直に声に出して、家族や周囲に頼ればいいと思いますよ。痛みを知った女性ならではのしなやかさで、楽しく受け入れる「ウエルカムエイジング」。これが、私の目標です。

# ホルモンバランスは食べ物でコントロールする

- **大豆イソフラボン**は、女性ホルモンと似た作用を持つ
- 卵巣を若返らせる、**ビタミンE**
- 女性ホルモンの生成・分泌に欠かせないのが、**亜鉛**と**コレステロール**
- ホルモンバランスを整える成分は、**食事でとるのがベスト**

# 女性ホルモンを活性化する成分

ホルモンを作り、ホルモンを分泌するのに重要な役割を持つ成分です。これらの成分が入った食品を、毎日の食事から取り入れるようにしましょう。

## ビタミンE

強力な抗酸化作用を持ち、美肌効果や老化を防ぐ効果も期待されるビタミンです。女性ホルモンの分泌バランスを整えて、血行を促す働きも。緑茶やアーモンドなどのナッツ類、うなぎ、カボチャ、卵などに多く含まれます。

## 大豆イソフラボン

エストロゲンと似た働きをし、PMSや更年期障害の症状を緩和したり、肌を美しく保ったりするのに役立ちます。ただし、体内で強く作用するため、過剰摂取には注意。1日にみそ汁1杯、納豆1パック、きなこ大さじ1程度が目安。

## コレステロール

細胞膜やホルモンを作る材料となり、ホルモンバランスを正常にする働きもある、体には必要な成分。卵や肉などに多く含まれます。とり過ぎには注意が必要ですが、1日卵1～2個程度なら問題ないという説も。

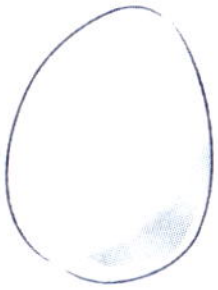

## 亜鉛

女性ホルモンの生成にかかわり、ホルモンのバランスを整える働きも。亜鉛が不足すると、月経トラブルや不妊につながると言われます。牡蠣や牛肉、豚肉などに多く含有。クエン酸と一緒にとると、吸収がよくなります。

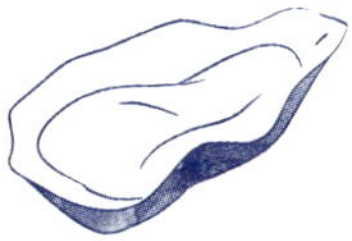

## バランスのいい食事でエイジングに向き合う

ウエルカムエイジングのために役立つ情報は、どんどんシェア！ということで、私が日頃から意識してとっている成分をご紹介しましょう。

女性ホルモンは、加齢とともに確かに減っていきますが、食べ物で補うこともできるのです。例えば、大豆に含まれる大豆イソフラボンは、体内でエストロゲンと似た働きをすることで有名。〝若返りのビタミン〟と呼ばれ、卵巣の老化を防ぐ働きもあるビタミンEは、ナッツ類にたっぷり入っています。牡蠣や豚レバーなどに含まれる亜鉛も、女性ホルモンの生成・分泌に欠かせません。長年悪者扱いされ続けきたコレステロールも、じつはホルモンを作るのに必要な成分。

このようにエイジングをサポートしてくれる成分は、サプリメントで補うこともできますが、できれば食事でとるのがベスト。亜鉛は、ビタミンCと一緒にとることで吸収が良くなるなど、他の食品に含まれる栄養成分との相乗効果も得られるからです。なによりバランスのいい食事こそが、ホルモンのバランスを整えるのにも役立つのです。

Chapter

# 2

# 今日から すぐにできる、美の知恵袋

# 〝素顔がキレイ〟を手に入れる洗顔法

- こすり過ぎ、洗い過ぎは、**必要な皮脂**を奪ってしまう
- 大人のテカテカ肌は、**インナードライ**の恐れあり
- 皮脂をとり過ぎない**クレンジング剤**や**洗顔料**に替える
- お湯やシャワーの水圧で、**肌に負担をかけない**

# 肌にダメージを与えないアンミカの洗顔ルール

## W洗顔で皮脂をとり過ぎない

私は自分がプロデュースしているブランドのクリーミーな炭酸泡の洗顔料を使っています（P.114で紹介）。1本でクレンジング、洗顔、毛穴洗浄までできるので便利。中途半端な泡は肌に負担がかかるので、洗顔料はしっかり泡立てるのもポイント。いろいろな洗顔料を使って何度も洗顔することもNGです。

## 冬でも熱いお湯で洗わない

肌は繊細です。熱いお湯は肌の水分・油分を奪うので、私は冬でもぬるま湯洗顔。シャワーの水圧も肌に負担をかけるので、顔を洗い流すときは、手を使ってすすぐようにしています。

## 素肌のうるおいは洗顔ひとつで大きく変わる

大人の女性に必要なもの。それは何よりもうるおいだと思います。肌もやっぱりうるおい。毎日の洗顔ひとつで、肌は変わってくると思うのです。クレンジング剤にアイリムーバー、洗顔料を使い、そのたびに肌をこすって刺激しながらお湯で洗っていたら、必要な皮脂まで落ちてしまいます。

肌の水分を閉じ込めるフタの役割をしているのが、皮脂。皮脂の分泌量は、20代以降下がっていきますが、30代以上でもテカテカという人は、じつはインナードライ状態に陥っている可能性も。過剰な洗顔で肌の水分や油分が失われると、これ以上水分が失われないよう、肌は皮脂を大量に分泌します。つまり、中は乾燥しているのに、外は脂ぎっているという状態。これではメイクも崩れやすくなりますよね。保湿も大切ですが、皮脂をとり過ぎないように洗顔方法を見直すことも必要だと思います。刺激の少ない洗顔料に替えてみるのもいいでしょう。ちなみに私は、お湯を何度も使わない、肌をこすらない、W洗顔はしないというアンミカ流洗顔法で、肌をいたわっています。

# 化粧水は安くてＯＫ。バシャバシャ浴びるほど！

- 化粧水は、高いものをケチるのではなく、安くてもいいので、**たっぷり浴びるほど使う**
- 化粧水の後は、すぐに乳液！　油分で**水分蒸発を防ぐ**
- **クリーム**や**美容液**は、高くてもいいものを選ぶ
- スキンケア化粧品の役割を理解し、**正しい順番で使う**

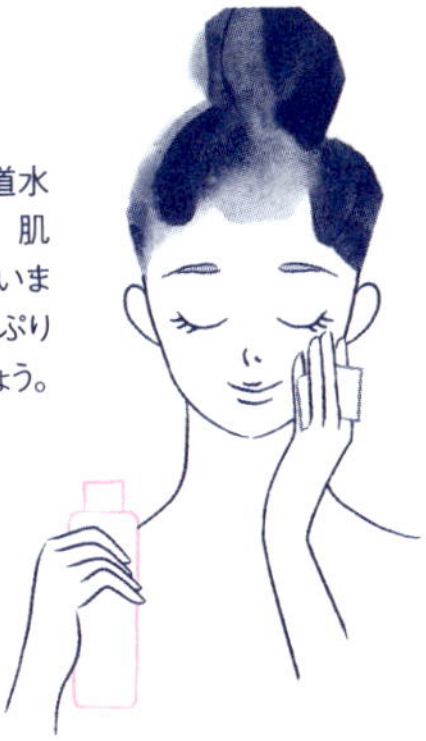

### 洗顔後すぐに化粧水をつける

洗顔後、肌表面に残る水道水やお湯が蒸発するさいに、肌の中の水分まで奪ってしまいます。時間をおかずに、たっぷりの化粧水で水分を補いましょう。

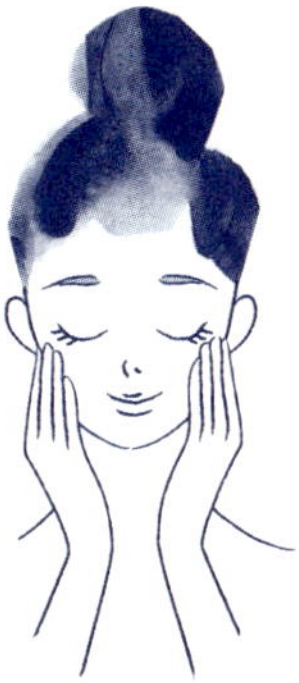

### 乳液やクリームですばやくフタをする

しっとりうるおっている状態で、すぐに乳液やクリームを。水分が蒸発する際の気加熱による肌の冷えも防ぎます。保温されることで、肌のバリア機能も高まるのです。

### シートマスクやコットンパックのつけっぱなしは厳禁！

マスクやコットンがカラカラになってもつけたまま。これでは肌の水分をコットンに奪われているのと同じ。乾く前に外し、乳液やクリームで保湿しましょう。

## 洗顔→化粧水→乳液・クリーム 乾く前にすばやくチャージ！

肌のうるおい補給となると、まずは化粧水。洗顔直後から肌はどんどん乾燥していきますから、とにかくすばやく化粧水で水分を入れることが大事。たまに、高い化粧水をちょっとずつしか使わない人がいるけれど、それでは大人の肌は満足しません。化粧水は安いものでいいので、バシャバシャ浴びるほどつけてほしい。「もうこれ以上は入らない～！」と肌が言い出すまでたっぷり化粧水をつけたら、すぐに乳液の油分でフタをして、水分の蒸発を防ぎます。

肌のコンディションに合わせて美容液や保湿クリームをプラスしてあげるのも、大人の肌には必要。ちなみに美容液やクリームは、ある程度高くてもいいものを使ってほしいと思います。肌にどれだけいい成分を配合できるか、開発にお金も時間もかけているアイテムですから。

さらに今は、ブースターといって、後につける化粧水やクリームの浸透力を高める、導入タイプの化粧品も多く出ています。どのアイテムもそれぞれ異なる役割を持って、肌に作用するもの。正しい順番で使い、肌を守ってあげたいですね。

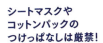

# 笑顔でクリームをぬれば、必ず上がる！

- 「**絶対にキレイになる**」と信じて使う。プラセーボ効果で、成分以上の効果が得られることも
- スキンケアは**楽しんだほうが勝ち**
- 自分の**手から出る〝気〟**で肌を守る

### 乾燥が気になる肌には クリームをプラスして

乳液もクリームも、肌表面から水分が蒸発するのを防ぐ皮脂膜の役割とともに、肌のうるおいを保つ効果もあります。大人の肌には、乳液→クリームの重ねづけがおすすめです。

**クリーム**

乳液より固形成分が多く、保湿力もアップ。さまざまな美容成分が入っているものも。

**乳液**

植物性油など流動性の油分が多く含まれ、肌にスッとなじんで保湿をうながします。

毎日のお手入れは、自分が必ずキレイになるためのもの。そう信じて、笑顔で楽しみながら“気”を送り込んで！

## 「ぜったいキレイになる！」〝手当て〟パワーを信じて

2つの化粧品を並べて「右のクリームには効果があるけれど、左のクリームには効果がない」と告げたところ、効果があると言われたクリームをぬっていた女性の肌が、リフトアップしたという話を聞いたことがあります。じつは、そちらが効果のない成分だったそう。まさにプラセーボ（偽薬）効果ですね。私は自分がプロデュースしたクリームを使っているのですが、「自分で作って、成分だって知っている。絶対にキレイにならないわけがない～♪」と念じながら、思いっ切り笑顔でぬっています。その姿を見てダンナさまは、「ミカちゃん、超笑ってるよ」と、さらに爆笑。もちろん、クリームや美容液は成分を重視して選びたいものですが、それに加えてキレイになると信じ、楽しんだほうが勝ち。素直な人がトクをするんです（笑）。

風水でも、人に任せず自分で掃除をすることで、自分の手から出る〝気〟で家中にバリアを張り、家を守ることができると言われます。〝手当て〟という言葉もありますね。自分の手で「絶対上がる～」「毛穴が引き締まる～」と肌に〝気〟を送り込みましょう！

# 季節やホルモンバランスで、肌の迷い方は違う

- 今の肌に**必要な成分を**、化粧品で補うこと
- **月経前**と**月経後**で、肌のコンディションは変わる
- **季節の変化**に合わせて、ケア方法も変えていく
- **自分の肌と向き合う**ことで、肌が求めるものがわかる

# 肌のコンディションは常に変化している

「季節の変わりめになると、肌がかぶれてかゆくなる」「月経前はあごの周りに吹き出物が……」。自分の肌コンディションの傾向を知っておくことも、スキンケアの基本です。

## ホルモンの影響

女性の体は、月経周期とそれにともなうホルモンの分泌量によって、影響を受けがちです。自分の肌リズムを知っておくことが大切。

**月経の前**
黄体ホルモン・プロゲステロンが増えてくると、皮脂分泌が活発に。吹き出物ができやすい時期なので、肌に合わせた油分補給を。

**月経の後**
卵胞ホルモン・エストロゲンの分泌が高まる時期。コラーゲンが増えて肌や髪にもうるおいやツヤが出てきます。

**閉経後**
エストロゲンの分泌量が、急激に減少。肌や髪のツヤも失われがち。化粧品や食事の内容などを見直して対策しましょう。

## 季節の影響

気温や紫外線量の変化によって、肌が弱る原因も異なります。化粧品を使い分けたり、ケア方法を変えたりして、対策しましょう。

**春**
季節の変わりめで寒暖の差が大きい時期は、肌が敏感に。紫外線が増え出す前に、美白化粧品や日焼け止めで対策を。

**夏**
紫外線のダメージを受けやすいので、UV対策は万全に。肌の乾燥や汗による皮脂トラブルも増えるので、保湿や毛穴対策も。

**秋**
夏に受けた紫外線のダメージが出やすく、乾燥によるカサつきが気になる時期。保湿を心がけながら、肌の調子を整えて。

**冬**
乾燥によるカサつき、小じわに注意。水分・油分補給をしながら、肌の血行を促すためのマッサージなどを取り入れても◎。

## 肌の迷うタイミングに合わせて化粧品やケアを変える

年齢を重ねるにつれ、肌が変わってきたと感じることはありませんか？　昔より乾燥しやすくなった、弾力がなくなってきた。そんなサインに気づいたら、今の自分の肌に必要な成分を、補ってあげることが大切です。化粧品カウンターで乾燥肌と診断されたら、保湿効果の高いシリーズをライン使いするのもあり。そこにもう一つ、保湿力を強固にしてくれるアイテムを、自分でプラスしてもかまいません。逆にどれだけ高価な商品をラインで使っても、自分の肌に必要な成分でなければ意味がないと思うのです。

季節やホルモンバランスによっても、肌の迷い方は違ってきます。私はそれを大切にして、ケアも変えています。例えば、月経前は皮脂分泌が活発になって吹き出物ができやすくなるので、肌に栄養を与え過ぎない。月経後は代謝も肌の調子も上がってくるので、たっぷり栄養を与えてあげる。夏の日差しが強くなる少し前から、メラニンの生成を抑える美白効果の高い化粧品で、紫外線に備える。自分の肌と向き合うと、肌が今欲しがっているものがわかりますよ。

# 毛穴に〝たたき込む〟のが日焼け止めの極意

- 肌ダメージの約8割は**紫外線**の影響
- **SPF**と**PA**の違いを理解して、日焼け止めを選ぶ
- 毛穴の奥まで紫外線は届く。日焼け止めは**肌にたたき込む**ようにぬると、効果がアップ
- **ミルク＋パウダー**の**Wプロテクト**で、しっかり肌を守る

# 日焼け止め指数「SPF」「PA」の違い

### PA（Protection Grade of UV-A）

一年中、照射量の変動が少ないUV-A波の防止効果を表したもの。UV-A波照射後、2〜24時間に生じる皮ふの即時黒化を指標にしています。

| | |
|---|---|
| PA+ | 効果がある |
| PA++ | かなり効果がある |
| PA+++ | 非常に効果がある |
| PA++++ | 極めて高い効果がある |

### SPF（Sun Protection Factor）

春から夏にかけて最も強くなるUV-B波の防止効果を表す数値。日焼けで赤く炎症を起こすまでの時間を、何倍に延ばせるかの目安となります。

〈例〉20分で日焼けして赤くなる人が、
SPF30の日焼け止めを使うと……

**20分 × 30倍 ＝ 600分**（10時間）

何もぬらなかったときの約30倍の時間（約10時間程度）、肌が赤くなるのを防ぐということを示します。

## 日焼け止めのぬり方

**日焼け止めやメイクの仕上げにサンパウダー**

ミルクタイプをぬりのばした後、サンパウダーで顔全体をはたきます。ファンデーションなどを塗った仕上げにしてもOK。化粧直しのときにも使えるので、とても便利です。

**顔全体〜耳や首ものばしてたたき込む**

ミルクタイプは使用目安量の半分を手にとり、額、鼻、ほお、あごに置いてから、むらなくのばし、毛穴にもたたき込みます。残り半分も同様に。首や耳の後ろにもぬっておきましょう。

## 通年のUVケアが常識！日焼け止め選びで差がつく

乾燥やしわ、シミetc……。肌が受けるダメージの約8割は、紫外線の影響と言われます。スキンケアと同様にUVケアも一年中、というのが常識になってきました。

気をつけたいのが、日焼け止めの選び方です。「SPF50のクリームを塗ったから、これで一日だいじょうぶ」というのは間違い。日焼けしたくないなら、少なくとも2〜3時間おきを目安に、一日に何度かぬり直すことが大切です。

それともう一つ、日焼け止めの塗り方も重要。以前、出演したテレビ番組の実験で教わったのですが、ミルクタイプのような液状の日焼け止めは、肌に軽くたたき込むようにして、毛穴の奥までしっかり塗り込んだほうが、UV効果が高まるそうですよ。

私がおすすめなのは、ミルクタイプの日焼け止めの上に、サンパウダー（日焼け止めパウダー）をのせるWプロテクト。サンパウダーは、ウォータープルーフタイプや、紫外線吸収剤が直接肌に触れない処方のものもあるので、汗に強く肌への負担も抑えられて、かなり優秀ですよ。

# 目から入る紫外線も美肌の大敵

- UV-A波は一年中変動が少なく、肌の真皮層まで届いて**メラノサイト**を活性化する
- 春夏に強まるUV-B波は、**表皮に炎症を起こして**細胞を傷つける
- 紫外線は乱反射するので、**日傘**や**サングラス**で徹底ガード
- 紫外線が目から入ると、脳が勘違いして**メラニン**を大量に作ってしまう

## 日傘はだんぜん黒

黒は紫外線を吸収する色なので、日傘は黒を選ぶのが正解。白やベージュも涼しげですが、紫外線を乱反射させてしまうため、十分なUVカット効果は期待できません。

## サングラスはマスト

UV-B波量は4〜5月頃から上昇し、7〜8月頃にもっとも高くなります。春夏は、UVカットのサングラスが外出の必需品に。コンタクトレンズもUVカットのものがあります。

## 紫外線は地面からも反射されている！

紫外線は空からだけではありません。空気中のちりやホコリで散乱したり、地面に反射したり。こうした照り返しによる紫外線にも、注意が必要です。

## 一年中、あらゆる方向から紫外線は降り注いでいる！

SPFとPAの説明のところでも書きましたが、地表まで届いて肌にダメージをもたらす紫外線には、A波とB波の2種類があります。その中でも約90%を占めるのがA波。紫外線量は一年中大きく変動せず、じわじわ〜と肌の真皮層まで届いてメラノサイトを活性化するので、秋も冬もUVケアの手は抜けません。服で隠れていない顔や首、手などは、日焼け止めを忘れずに。

B波のほうは、夏のジリジリ焦げるような日差しで実感できますよね。肌の表皮を傷つけて、ひどいときにはやけどのような炎症を引き起こす原因にもなるB波。しかも、空気中で散乱したり地表面から反射したりと、あっちこっちから飛んでくるので、日傘やサングラスなどの小物使いで、徹底的にガードしましょう。

注意したいのが、目から吸収される紫外線。その情報が脳に送られると、「肌を守るために、もっとメラニンを作れ！」という指令が出て、肌を黒くしてしまいます。つまり、UVカットのサングラスやコンタクトレンズで目を守ることは、美白をキープするためにも、とても大切なんですね。

# 唇は自分でうるおえない。油分補給でセンシュアルに

- 唇は**皮脂**を出せない、**汗**でうるおえない
- 乾燥しやすい唇のカサカサ対策は、**ワセリン**と**ゴマージュ**が効果的
- 唇に負担が大きいティントリップより、**顔料主体の口紅**を選ぶ

# カサカサ唇のケア

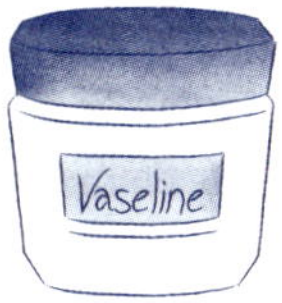


### ワセリンでリップパック

リップクリームよりも油分の多いワセリンをぬると、カサつきが抑えられます。上からラップを貼ってしばらくおいても効果的です。

### 専用ゴマージュで角質を落とす

ボロボロと表面の角質がむけた状態のときは、唇専用ゴマージュを使って、やさしくこすり落としてもOK。その後は、クリームやワセリンで保湿を。

## うるおいのある女性は唇も艶やかで官能的

スキンケアで、意外と後回しになりがちなのが、唇です。じつは、顔の上に出ている唯一の粘膜で、自分では皮脂を出せないし、汗をかいてうるおうこともできない無防備なパーツ。ターンオーバーは約1週間と肌よりも早いのですが、唇の表面の角質がむけてカサカサな状態にもなりやすい。これではどんなキレイな色の口紅もうまくのりません。

何度も言いますが、大人の女性はとにかくうるおい！　カサカサの唇は、老けた印象を与えてしまうことも……。年齢とともに弾力が失われ、縦じわが増えてくるのが、大人の唇。日頃からリップクリームなどで油分をしっかり与えてあげることが大切です。カサつきを抑えるケアとして、保湿効果の高いワセリンや、リップ専用のゴマージュを使う方法もおすすめ。ティントリップなどいわゆる〝落ちない口紅〟は、染料が残って肌に負担をかけることもあります。唇を染めない顔料主体の口紅を選び、クレンジングできちんと落とす習慣をつけましょう。ふっくら艶やかな唇って、女性の官能的な魅力を引き立ててくれますよね。

# 〝品よくセクシー〟を演出する、ルージュの選び方

- 年齢を重ねた唇は、やせて**縦じわ**が目立つようになる
- 唇をりんかくより少しふっくら描いて、**グロスでしわを消す**のが若見えのコツ
- 大人の女性は、**マットなベージュの口紅**を選んではいけない
- 唇の山は、**明るくぼやかす**と若々しく見える

# 大人の口紅のぬり方

大人の女性の唇に必要な、ふっくら感やツヤ感を演出する、口紅の基本ルールです。

## 1
### りんかくより ふっくら大きく

ワントーン明るい色のリップペンシルで、本来のりんかくよりふっくらと少し大きめにふちどってから、口紅をのせます。でも、広角は引き締めて。

## 2
### 山は明るくぼやかす

唇の山の部分をはっきり描くと、老けて見えるのNG。山は明るくぼやかす程度にして、最後にグロスでツヤ感をプラスします。

### りんかくを大きく描いてツヤ感を出すのがポイント

P.69でもお伝えしましたが、年齢を重ねると、唇は弾力を失いやせていきます。ドラマや映画で老けメイクをするときは、唇を小さく描いて縦じわを入れるのだとか。つまり、若々しく見せるには、唇を少しふっくら描いて、しわを消せばよいでしょう。

口紅の色選びも、老け見えしないための大切なテクニック。まずは自分の肌がイエローベースかピンクベースかを知っておきましょう。化粧品カウンターでプロにカラー診断をしてもらうといいですよ。流行色もあるけれど、自分の肌に合う色をアドバイスしてもらうのが近道。よく女性誌などで、〝大人の口紅〟としてベージュを紹介していますが、あれはプロのヘアメイクさんが上手にりんかくを取り、グラデーションをつけてぬっているもの。じつは、高難度な色です。とくにマットなベージュは、痛い目を見る可能性大（笑）。大人の女性は、とにかくツヤ感！　どんな色でもマットは避けたほうが無難です。むしろグロスで上品にしわを消すのが有効。私も最近は、ぬるだけでふっくら感が出るグロスを愛用しています。

# 耳&デコルテマッサージでワントーン明るい肌に

- **耳ツボを刺激**すると、むくみがとれて目がひと回り大きくなる
- リンパの集まる**首**と**デコルテ**のマッサージで、フェイスラインもスッキリ
- **鎖骨の内側**を指圧すると、顔の血流が一気によくなる
- 顔と一緒にデコルテまで**スキンケア**を

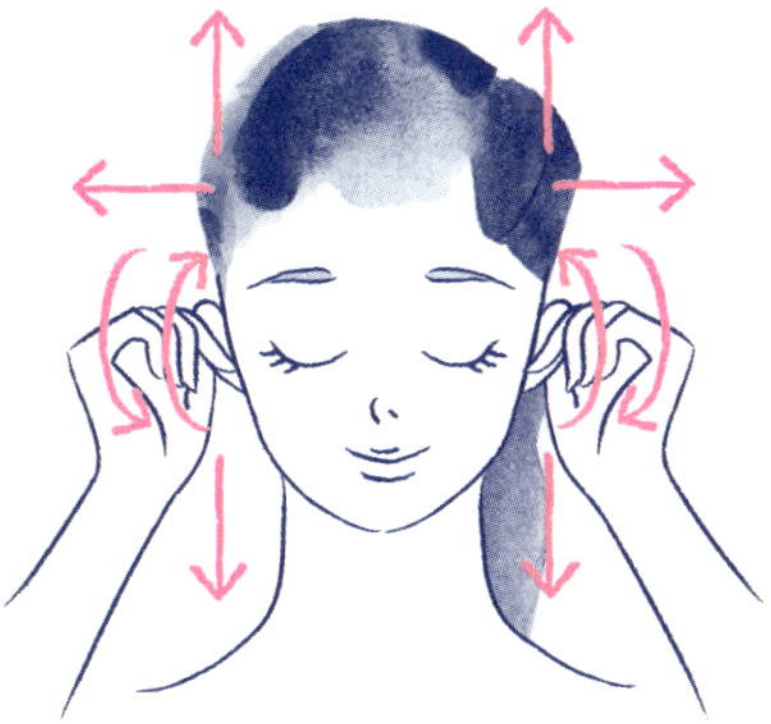

イキイキした目もとを作る

## 耳つぼマッサージ

両耳を指でつまんで横、上、下に順に引っ張ります。次に外側へ回し、内側に回してから、最後は横にグーッと強めに引っ張ります。疲れや緊張が強い人は、痛みを感じることも。

リフトアップ効果も！

## デコルテリンパマッサージ

肩から鎖骨ラインをマッサージし、鎖骨の内側のくぼみで、静脈と動脈が交差して硬くなった部分を、指でグッと押さえてから離します。

両腕をクロスさせ指の腹で、耳のつけ根から首すじまで、リンパを上から下に流します。たるみやむくみがとれて、フェイスラインもスッキリ。

## 首～デコルテのめぐりを高めると イキイキとした表情に変わる！

1章でもお伝えしたように、毎日がんばっている女性は、いつも体が緊張しっぱなし。血液やリンパのめぐりも悪くなっています。血色の悪い疲れた印象の肌では、せっかくのメイクも映えません。

そこでおすすめなのが、耳とデコルテのマッサージで、緊張をゆるめてあげること。耳はたくさんのツボとリンパが集まっている場所です。ここを刺激すると、顔全体の血色もよくなりますし、むくみもとれて、目がひと回り大きく見えますよ。首すじからデコルテも、リンパが集中しているパーツ。肩や首の筋肉がコリで緊張していると、血流も悪くなります。とくに鎖骨の左右の内側にあり、静脈と動脈の重なる部分が硬くなっている人は、そこを指で強く押してから、パッと離してみてください。滞っていた血液が一気に流れ出し、顔が温かくなるのを実感できるはず。

私はこのデコルテマッサージを、朝晩のスキンケアと同時に行います。デコルテまでが顔。指や手のひらに残った化粧水や乳液、クリームは、そのまま首すじや鎖骨にもなじませれば、保湿ケアも万全です。

# 三点イエローと四点パープルピンクで10歳若見え

- 唇、目の周りのCライン、小鼻のわきが、**三大老け見えパーツ**
- メイク直しで三点に**イエローのパウダー**を使うと、顔が上がって見える
- **パープルピンクのパウダー**で、大人の肌に血色感と透明感がよみがえる
- ツヤ感を出すなら、**ほんのりパール**が効果的

# 骨の高いところ4点に光を集める
# くすむ場所3点をイエローでカバー

**目の周りのCライン**

夕方になると涙でメイクが崩れてクマができてくる、目尻からCラインにかけてイエローを入れます。目もとが上がり、明るく華やいだ印象に。

**Tゾーン
ほおの逆三角ライン
目の周りのCライン
あごの下**

この4点にパープルピンクのパウダーをのせるだけで、ツヤ感と透明感がアップします。

**小鼻のわき**

汗でメイクが崩れ、毛細血管が切れて赤みがでやすい部分。イエローで光を集めると、赤みがカバーでき、ほうれい線も目立ちません。

**口角**

口紅をぬり直す前に、口の両わきの黒ずんできた部分にイエローを入れます。口角からフェイスラインまでがキュッと上がって、エステいらず!

## イエローで光を集めて
## パープルピンクで透明感を出す

目の周りに影を入れてくぼみを作る。じつはこれ、老けメイクのもう一つのテクニック。年齢を重ねるとやせてくる顔の三大パーツが、目の周りのCラインと小鼻のわき、P.69で取り上げた唇です。逆に言うと、この三点をふっくら見せれば、若々しい印象に変わるということ。

そこで活躍するのが、イエローのパウダーです。夕方、メイクが崩れて影が目立ち始めた目尻に、サッとイエローをさす。すると、顔が驚くほどキュッと上がって見えますよ。小鼻のわきもイエローで明るくすれば、ほうれい線が目立たなくなりますし、口の両わきに入れると、口角が上がって唇もふっくら。

それに加えて、ぜひ持っておいてほしいのが、パープルピンクのパウダーです。チークのぼかしに使えば、疲れた肌に血色感と透明感をもたらしてくれます。うっすらパール入りをTゾーンやほおの逆三角ライン、目の周りのCライン、あごの下に使うだけで、ツヤ感が出て彫が深く見えますよ。イエローで光を集め、パープルピンクで大人の透明感を出すテクニック。ぜひ取り入れてみてください。

# ほおの下から始まる老け顔は、予防がカギ

- ほおの筋肉が衰えると、**ほうれい線**や**フェイスラインのたるみ**を招く
- ほおの筋肉が衰えると、**目尻**も**小鼻わき**も**口角**も下がる
- ほおを上げるには、**筋トレ**が有効

## ほうれい線を作らない！ 口角上げエクサ

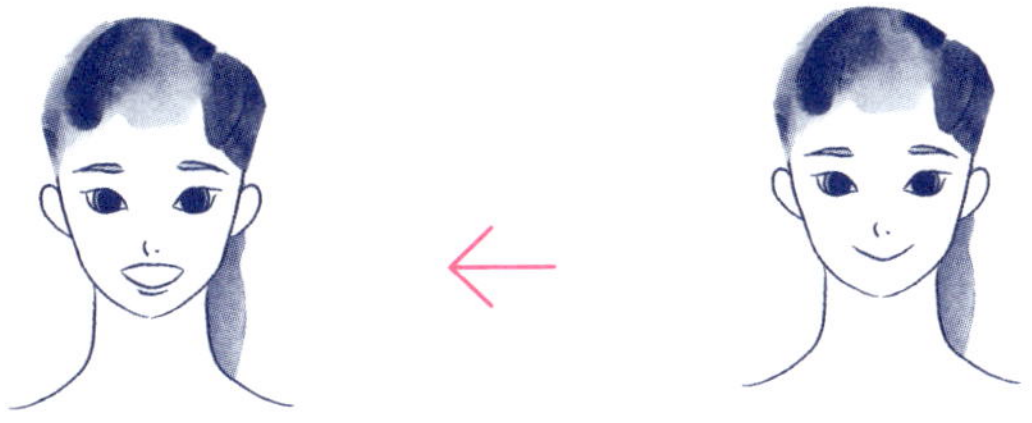

**1**

### 唇を内側に巻き込んで 口角を上げる

口を軽く閉じた状態で、唇の上下を口の中に軽く巻き込みます。そのままの状態で、口角をキュッと上げます。

**2**

### 唇の上下を離したら 顔の力を抜く

口角を上げたまま、パッと上下の唇を離して、顔の力を抜きます。これを何回かくり返しましょう。

## ほうれい線を消す！ 舌回しエクサ

### 口を閉じたまま 舌でほうれい線をなぞる

唇をしっかり閉じた状態で、口の中からほうれい線をなぞるように、大きく舌を動かします。右回り、左回り両方行いましょう。

## 「若い」or「老けている」ほおの下が印象を左右する

老け顔は、ほおの下から始まる。これは、ある美容医療のドクターもおっしゃっていた言葉です。ほおの筋肉が衰えてたるんでくると、いつしかほうれい線がくっきり、フェイスラインもブルドッグみたいに垂れ下がってくる……。パッと見た瞬間に「若い」のか「老けている」のか、印象を決定づけてしまうのが、まさにこのほおの下なのです。

顔の筋肉はつながっていますから、やせて影ができることで老け見えする三大パーツも、ほおの筋肉と無関係ではありません。ほおがたるめば、目尻も小鼻わきも口角も下がるのは当たり前。ほうれい線だって一度深く刻まれてしまえば、セルフケアだけで消すのはなかなか難しいのです。

「最近なんだかほおの位置が下がってきたかも」、そう感じている人は、今すぐほおの筋トレを始めるべき。道具のいらない簡単なエクササイズなら、気づいたときにいつでもできるので、習慣にできますよ。P.79の「自然な笑顔になるレッスン」も、ほおを鍛えるのに有効です。合わせて取り入れてみてください。老け顔予防のカギは、ほおの下と心得て。

# 美しい歯と笑顔が人を惹きつける

- 顔の下から3分の1のラインまで口角を上げ、歯を少なくとも6本見せると、**高感度の高い笑顔**になる
- 左右対称の笑顔は、**レッスン**で作れる
- アメリカでは、**「白く輝く歯」**も美人の条件
- デンタルチェックと歯垢除去、ホワイトニングを**習慣**に
- 歯周病は**不妊リスク**にも関わる

## 自然な笑顔になるレッスン

### 片方の口角を上げ同じ側の目をウインク

右側の口角を上げ、同時に右目をウインクした状態で、5秒間キープします。やりにくいほうを多めに行うと、左右対称に口角が上がるようになります。

↓

### ほおの筋肉を縦横にのばすよう声を出す

「オー、アー」と大きく声を出します。ほおの筋肉が縦横にしっかりのびるよう意識して。最後に、割り箸を唇に挟むエクサをプラスしてもOK。

## 美しい笑顔の法則

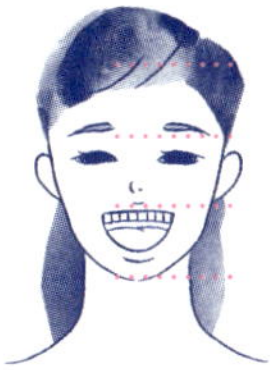

### 顔の1/3ラインに口角を上げて歯を6本見せて笑う

顔を縦に3等分し、下から1/3のライン近くまで口角を上げ、歯が少なくとも6本は見えるくらい口を開けると、「笑顔」と認知され、相手からの好感を得られるそう。顔の長さにもよるので、1/3ラインは目安にしてください。

**Check!**

- 目も笑っている?
- 口角は上がっている?
- 左右対称になっている?

## キュッと上がった口角と輝く歯が笑顔を魅力的にする

メイクで女性は美しくなれますが、その魅力をさらに引き出すのは、やっぱり笑顔。それも微笑む程度ではなく、しっかり口角を上げて歯を見せる、これがもっとも相手に好感を与える笑顔の法則なのだとか。

さらに、口もとからこぼれる歯も、印象を左右するポイント。日本人はあごの小さい人が多いため、歯並びに悩みを持つ人が多いわりには、先進国の間では矯正している割合が極端に低いようです。高額な治療費も背景にあるものの、やはり歯に対する意識が低いように思います。

アメリカでは、「白く輝く歯」も美人の条件の1つ。歯垢が歯石になるまで3カ月というデータがあり、私は歯科クリニックで年4回の歯垢除去、半年に一回のホワイトニングを心がけています。

歯周病は不妊リスクに関わるとも言われますから、歯の健康は女性にとって大切な問題。普段からの定期的なデンタルチェックを、ぜひおすすめします。歯が白く美しいと、笑顔にも自信がもてますよ。

# キレイも時短の時代。美容医療だって使い用

- 自分でできるお手入れには、**限界**もある
- 美容医療は選択肢の一つ。上手に使えば、**キレイの近道**になる
- シミやしわなどの**エイジング対策**に、美容医療は有効

# 美容医療でできるエイジング対策

美容医療は日進月歩。自分の肌のお悩みに、どんなメンテナンスが可能かを知っておくと、選択の幅が広がります。

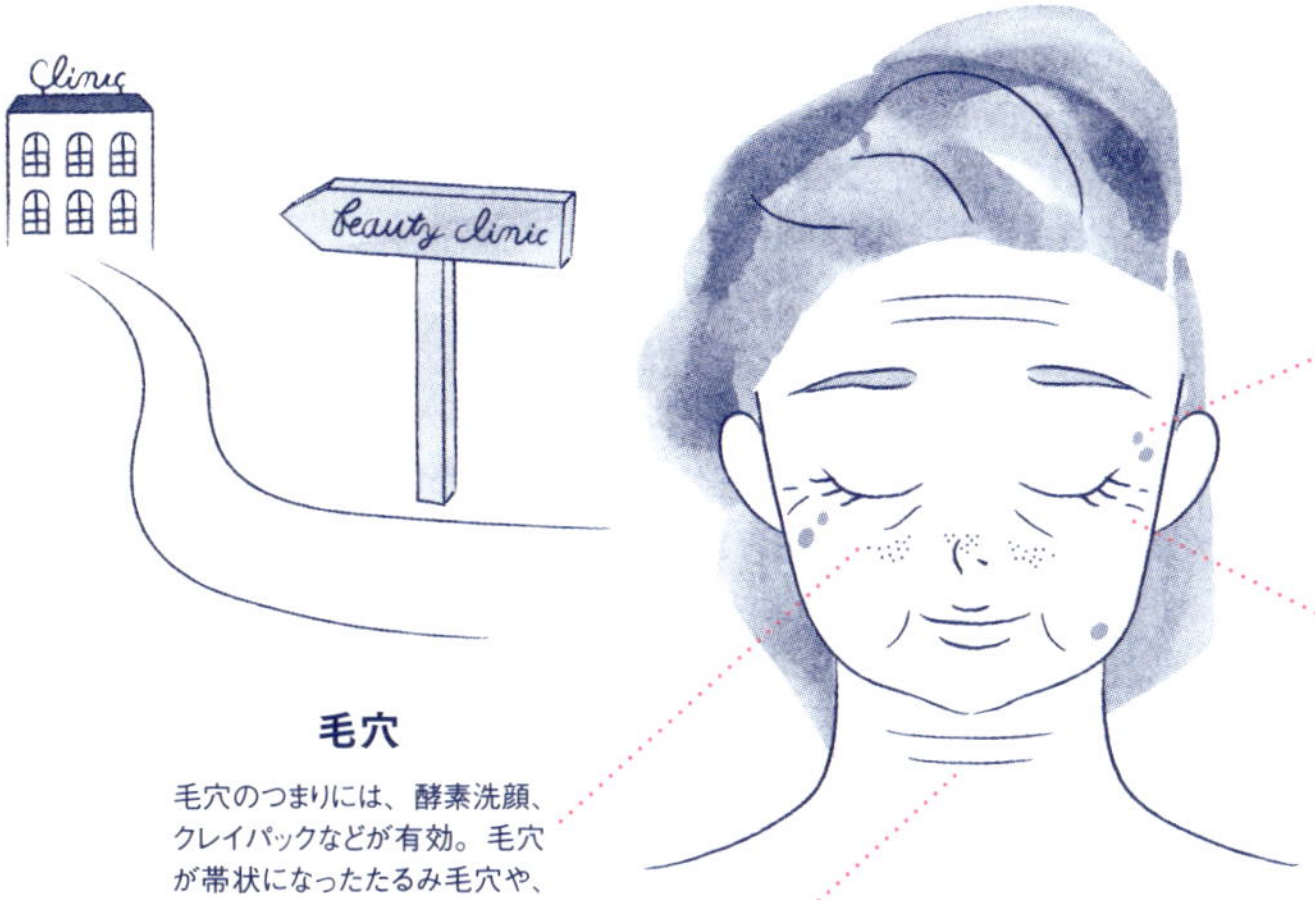


### シミ

できたばかりの薄いものなら、美白化粧品でも対応できます。定着して濃くなったシミやそばかすは、化粧品では消えにくいので、レーザー治療が効果的。

### 毛穴

毛穴のつまりには、酵素洗顔、クレイパックなどが有効。毛穴が帯状になったたるみ毛穴や、皮脂の過剰分泌が原因の開き毛穴には、イオン導入、レーザー治療などで対応できます。

### しわ

浅い小じわは保湿で早めのケアを。肌内部のコラーゲン線維やエラスチン繊維がダメージを受けてできた深いしわには、ヒアルロン酸注入やボトックス注射、レーザー治療などが有効。

### たるみ

表情筋の衰えや脂肪によるたるみには、日頃から表情筋を鍛える体操やマッサージで対策を。美容医療的にはレーザー治療やヒアルロン酸注射、フェイスリフトなどがあります。

## 自分らしいケアは、自分で選べる美容医療も選択肢の一つ

顔のお手入れには、スキンケアやメイクなどの自分でできること、そして、医療の手を借りたナチュラルなメンテナンスの2つがあります。とても正直な話をしてしまうと、自分でできることには、限界もあると思うのです。例えば、美白化粧品は、シミができる前のメラニン生成を抑える成分が入ったもの。一度できてしまったシミは、化粧品ではなかなか消えません。ファンデーションやコンシーラーでも隠せなくて悩み続けるくらいなら、レーザーで消すという方法もある。美容医療を選択肢の1つとして持っておくと、キレイへの近道ができると思います。

私も数カ月に1回、シミのケアなどで利用しています。医療機関にもよりますが、最近は1回数万円程度の施術が主流ですから、エステ感覚で受けられますよね。「美容医療にはちょっと抵抗が……」という人もいると思いますが、使い用によっては、ラクをしてキレイになれる方法でもあります。大人の女性ならではの柔軟さでさまざまな情報を受け入れて、自分に合うやり方を選び取り、自分らしいキレイを手に入れてください。

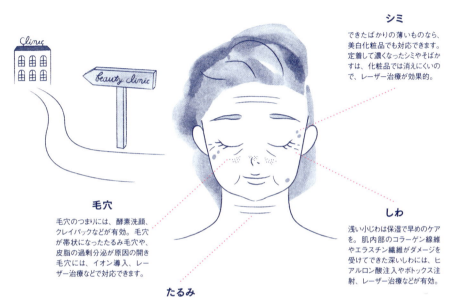

# 大人のツヤ髪はブラッシングから始まる

- 女性を絵に例えると、**肌はキャンバス、髪は額縁**
- 大人の髪に必要なのは、**清潔感**と**ツヤ感**
- **逆さブラッシング**で、頭皮の血流がよくなり、むくみもとれる
- 髪を傷める静電気は、**木製ブラシ**で防止

# 逆さブラッシングのやり方

顔を下に向け、髪の毛を下から上に向けてとかします。頭皮を傷つけないように、毛先を丸くした専用のブラシを使うと安心。朝起きたときや、夜の入浴前などに行うと、頭皮の血流がよくなり、顔のむくみや頭の疲れもとれてスッキリしますよ。

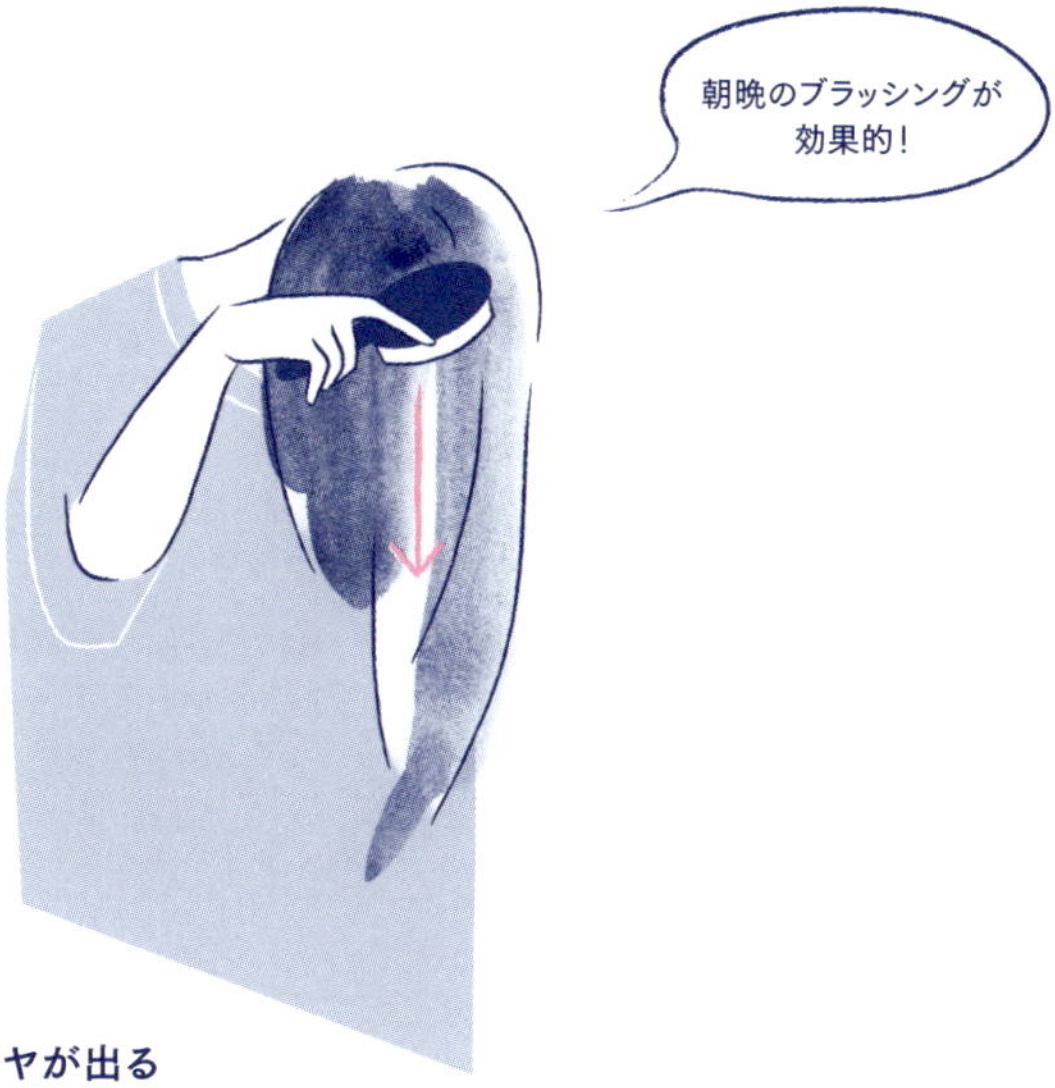


## 美容効果

- キューティクルが整い、髪にツヤが出る
- 頭皮の血行がよくなり、顔のむくみもとれる
- 髪や頭皮のホコリがとれて、シャンプーしやすくなる

## ツヤを与えてむくみもとる ブラッシングはいいことだらけ

女性を絵に例えたとき、肌はキャンバス、髪は額縁と言われます。いい額縁に入っていると、絵も素晴らしく見えるように、髪の毛にツヤがあれば、肌もキレイに見える。360度全方位から見られているのが髪。女性なら気を抜けません。大切なのは、清潔感とツヤ感です。カラーリングをしている人は、プリンちゃんにならないようにこまめにケアをしましょう。

簡単で効果的なのは、キューティクルを整えて髪にツヤを出すブラッシングです。頭皮の血行を促すので、健康な髪を育みますし、顔のむくみも改善します。頭のツボの刺激にもなり、髪や地肌のホコリを払い落とせるから、シャンプーの量が少なくすんで、とってもエコ。こんなにいいことだらけなのに、最近は、手ぐしで整えるからブラシは持っていないという人もいて、びっくり! 私が長年続けているのは、逆さブラッシングです。普通のブラッシング以上の効果が実感できるはずなので、今すぐブラシを買って始めてほしい! ちなみに、髪に一番悪いのが静電気なので、木製で頭皮を傷つけない、先が丸いものがおすすめです。

# シャンプー&ドライヤーテクで髪はよみがえる

- シャンプー、コンディショナーやリンス、トリートメントは、役割を理解して**正しい順序**で行う
- 髪や地肌に薬剤が残らないよう、**すすぎは念入り**に
- 大人の髪に、**良質なシリコン**はアリ
- シャンプー後は、必ず**ドライヤー**で乾かす

# シャンプーの正しいステップ

## 1
### シャンプーで髪を洗う

お湯で予洗い後、シャンプーをたっぷり泡立てて、頭皮を指の腹でもみほぐすように、髪全体をまんべんなく洗います。泡が残らないよう、頭皮まで十分にお湯ですすぎます。

## 2
### 毛先からトリートメントをぬって、しばらくおく

傷んだ髪を補修し、髪の内部まで栄養を浸透させて補うのがトリートメントの役割。軽くタオルドライ後、トリートメント剤を毛先から順になじませます。頭皮につかないように注意。

## 3
### リンスでコーティングする

髪の表面を油分でコーティングしてツヤを与え、指通りをよくするのがリンスやコンディショナーの役割。毛先からなじませたら、髪や頭皮までしっかり洗い流します。トリートメントをしないときは、シャンプー後に使います。

### ツヤ髪になる ドライヤーの使い方

動物の毛のブラシで髪の根元からとかしながら、ドライヤーの熱風を垂直にあてて乾かします。ドライヤーは10㎝以上離しましょう。最後に冷風をあててキューティクルを閉じると、ツヤツヤに仕上がります。

### シャンプー後は必ずドライヤー 自然乾燥はツヤ髪の大敵

正しい洗髪法を知っておくことも、ツヤ髪キープの基本です。ブラッシングでホコリや毛のからみをとり、お湯で十分予洗いをしてからシャンプーをすると、泡立ちがよくなって洗いやすくなります。その後、コンディショナーやリンス、トリートメントで仕上げるのですが、大事なのは地肌に成分が残らないように、しっかりと洗い流すこと。ノンシリコンシャンプーが流行してから、シリコンは悪者というイメージが広がっていますが、水で流れて毛穴につまらないシリコンもあります。髪にツヤを与えて保護する役目もあるので、良質なシリコンなら大人の髪にはアリ。私がプロデュースするヘアケアアイテムでも、トリートメントにはシリコンを配合しています。

シャンプー後は、どんなに疲れていても、必ずドライヤーで乾かしましょう。肌と同様に、髪の毛も濡れたままにしておくと、必要な水分まで蒸発してパサついてしまいます。また、濡れた髪にはホコリがつきやすいので、そのまま寝ると、頭皮のカビなどのトラブルを招くこともあるのです。自然乾燥は、ツヤ髪の大敵ですよ。

# 自分らしい美しさは遺伝子を受け入れて始まる

- 自分では**気づかない魅力**を、他人は見つけてくれる
- 自分の**長所**を素直に受け入れると、ファッションも雰囲気も変わっていける
- 親からもらった遺伝子に感謝して、**自分らしさ**を築くのが大人の女性

# 自分の長所と短所を書き出してみる

他人から長所を指摘してもらうと、新たな発見がありますが、
自分で紙に書き出してみるのも、気づきのきっかけになりますよ。

## 欠点を隠さず愛すると自分の可能性が広がる

顔や体型など、誰でも何らかのコンプレックスを抱えていると思います。それを「親に似たせい」と恨んで欠点を隠すことばかりに一生懸命だと、せっかく持っている長所さえも埋もれてしまうと思います。

かつて私がマナー講座で講師をしていたとき、初めて会う生徒さん同士で相手の外見を褒め合うというプログラムを取り入れていました。こういうとき、日本人は正直だから嘘を言わないんですね。「肌が白くてキレイ」「まつ毛が長い」などなど、必ず長所を見つけてくれる。自分では気づかなかった魅力を指摘してもらい、数回にわたる講座が終わる頃には、ファッションや雰囲気まで明るく変わっていった女性もいました。親からもらった遺伝子を感謝して受け入れ、そのうえで自分らしい美しさを築いていくのが、大人の女性。

かくいう私も親から受け継いだ骨格のせいで、ウエストの太さが長年のコンプレックスでした。でも、脂肪燃焼クリームと毎日の腹筋背筋トレーニングのおかげで、昨年ハワイにて人生初のビキニデビュー！　欠点を隠さず愛すると、いろんなファッションが楽しめます。

# バスタイムこそ美メイクタイム

- 暑いお湯につかる**ヒートショック**
- **プロテイン入浴**で免疫力アップ
- **水素水**と**海塩**で、体の中から浄化する
- **手首**までお湯につかると、脳がゆるむ
- 一気に上がった体温が、急激に下がるときに**副交感神経**へとスイッチオフ

## 湯船につかるとき

短時間で一気に体を温めて疲れをとるには、熱いお湯につかるのが一番です。

### 水素水 × 海塩

水素水のお湯に、沖縄・久高島の海水から作られた天然の海塩を加えています。体の中から浄化される感じ。体内にたまった静電気も抜けると言われ、健康効果も期待できます。

### 首までつかる

体の中でとくに大きな筋肉の太もも、肩甲骨、それから脳をゆるめる手首や腕を、しっかり温めて血行を促すことが大事。半身浴と違って、首までお湯にしっかりとつかります。

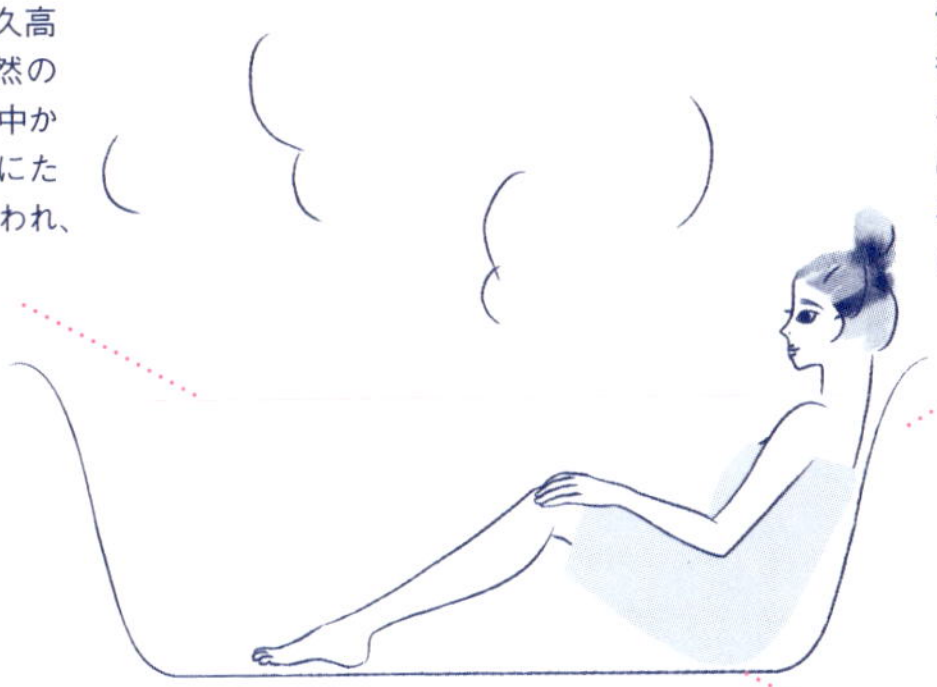

### 43度の熱いお湯

その人の体温にもよると思いますが、私は43度くらいの熱いお湯が、カーッと温まって気持ちいいですね。その代わり、お湯につかるのは10～20分程度の短い時間。ただし、心臓の悪い人は注意して下さい。

## シャワーだけのとき

ゆっくり湯船につかる時間がないときは、アロマを使った蒸気浴で心と体をゆるめます。

### アロマオイルを足もとに垂らす

洗い場で、足もとに好きな精油を垂らして、シャワーのお湯を勢いよく流します。アロマの蒸気で頭も体もゆるめることができますよ。

### バスタイムの過ごし方で眠りの質が変わる

仕事でのハイテンションを引きずったまま家に帰る私もまた、りっぱな交感神経優位タイプです。もともと寝付きも悪いので、いかによく眠れるようにするかが、バスタイムのテーマ。低温のお湯でゆっくり半身浴というよりは、熱いお湯につかってバーッと汗をかき、短時間で体を温めるヒートショックプロテイン入浴派です。

わが家は湯船にも専用の水素発生器を取り付けていて、そこに海塩を加えた43度近いお湯につかると、一気に体が温まってポカポカになります。脳をリラックスさせるには手首と腕を温めるのが一番ですから、私は湯船にスマホや本を持ち込むことはありません。首までしっかりお湯につかって血をめぐらせるので、デトックスや免疫力アップにも最適。カーッと熱くなった体で入浴を終えて、急激に体が冷えるときに副交感神経へとスイッチオフします。このタイミングで眠る態勢にもっていけたら理想です。眠りの質が上がるので、短時間の睡眠でも疲れがとれるようになりますよ。忙しくてゆっくりお風呂につかる時間がないという方は、試してみてください。

# 湯船エクササイズでめぐりを高める

- お湯の抵抗を利用した**湯船エクササイズ**で、体に負担を与えず運動量アップ
- **下半身フリフリ**で、血液とリンパの流れが促されて、むくみもとれる
- めぐりが高まるので、**デトックス効果**も

# 浮力で下半身フリフリエクサ

お湯の抵抗を受けながら体を動かすことで、血流やリンパの流れが改善。冷えやむくみ対策にもおすすめです。

ここに効く!

- 全身の血流を促し、体を温める
- 下半身のむくみをとる
- 腹筋が鍛えられる

## 腰から下を振って、おなかも刺激

湯船の中でお尻を浮かせて、両腕だけで体を支えます。上半身はなるべく前を向いたままで、腰から下を左右に振ります。このとき、ひざをお湯から出さないように意識しながら行うと、さらに腹筋が刺激されます。

Point

**ひざはお湯から出さない**

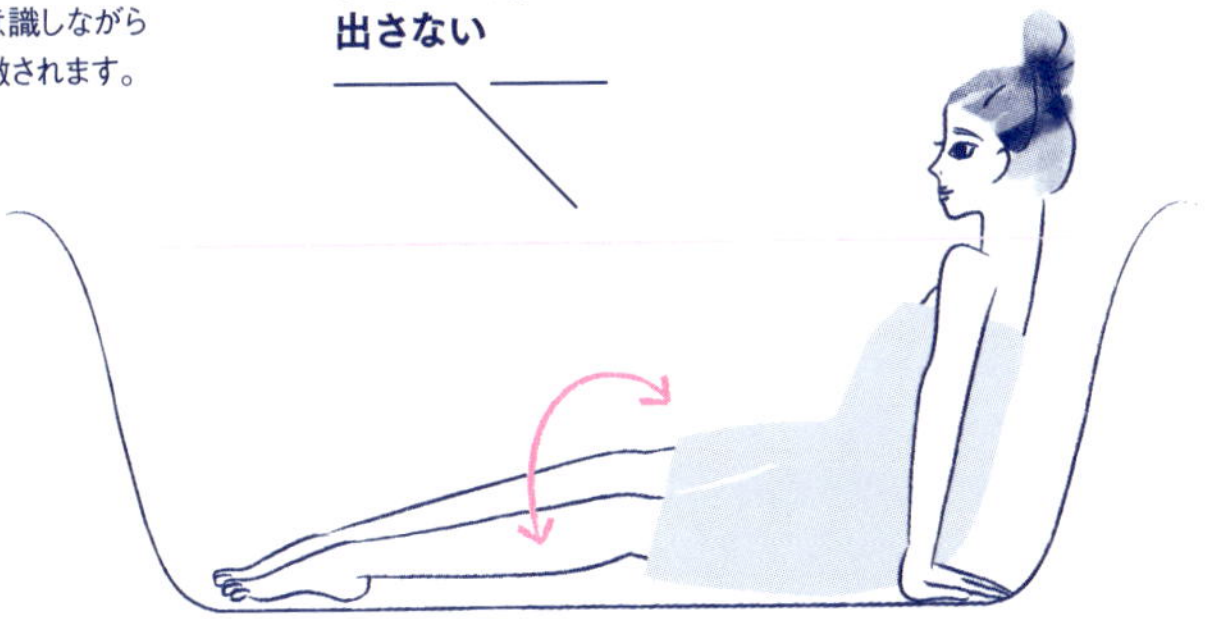

※湯船の形や大きさによっては、ひざを出して行っても問題ありません。

## お湯の抵抗を受けながらフリフリ効果で鍛える

時間のあるときは、お風呂でいろんなことをして過ごしている私。湯船にじっとつかっているのが苦手なので、パックをしたり、首や肩甲骨のストレッチをしたりと、バスタイムも有効に活用しています（笑）。

なかでも最近よく行っているのが、湯船の中で腰を左右にフリフリするエクササイズです。両腕だけで体を支えて、お尻と脚を浮かせながら腰を振る。地上では絶対できないポーズですが、お湯の浮力を利用するので、運動量のわりに体への負担が少ないのもポイントです。私はいつも首までお湯につかっているので、エクササイズのときも「ひざをお湯から出さない」というマイルールを設けて、体全体でお湯の抵抗を受けながら、フリフリしています。これがかなり効くんですよ。腹筋も鍛えられるし、脚のむくみもとれる。血流も促されるから、全身ポカポカです。ただでさえ熱いお湯に入っているので、汗がたっぷり出てデトックス効果もかなりなもの。動き自体はとてもシンプルですが、めぐりが一気に高まるのを体感できるので、今お気に入りのエクササイズです。

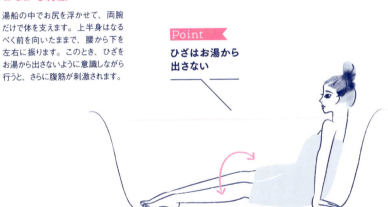

# ベッドに入るまでに〝MY美の動線〟を作る

- 面倒なことは続かない。毎日のお手入れは〝**ながら**〟で行う
- 洗面所から寝室まで、必要な美容アイテムを揃えた〝**美の動線**〟を作る
- 欲しいときに手が届くところに置くと、**お手入れ**が習慣にできる

## LAVATORY

洗面所では、顔を化粧水やクリームなどでケアし、体のパーツ別にクリームをぬるところまで終えて、髪の毛をドライヤーで乾かします。パジャマを着てリビングへ。

## BED ROOM

リップクリーム、フェイスクリーム、ハンドクリームなどの保湿アイテムも、キレイな箱に入れてベッドサイドに用意。夜中に目覚めて乾燥が気になるときも、すぐ手に取れます。

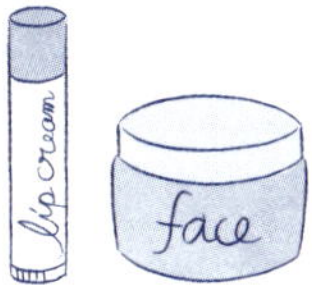

## LIVING ROOM

ソファに座り、着圧ソックスとふかふかソックスを二重で履いて、間に入れたゴルフボールを転がして足裏マッサージ。美顔器マッサージや逆さブラッシングも行います。

## "ながらケア"にすればお手入れを習慣にできる

お風呂から上がっても、女性はすることがたくさん！　スキンケアにドライヤー、マッサージもしたいし……。でも、疲れているとつい億劫になりがちですよね。そこで私は"ながらケア"ができるように、工夫をしています。

お風呂から出たら、まずは洗面所でスキンケアを済ませて髪を乾かします。リビングに行くと、ソファの下は引き出しになっています。そこに入っているのは、ゴルフボールとふかふかソックス、むくみ防止の着圧ソックス、美顔器、そしてブラシ。ソファに座ったらソックスを履いてゴルフボールをコロコロしながら、足裏マッサージ。テレビを見ながらダンナさまとおしゃべりを楽しんで、ついでに美顔器で顔もコロコロ。さらに、逆さブラッシングで頭の疲れをとってから、寝室へ。ここにも肌、唇、手の乾燥対策用にクリームを置いてあるので、目が覚めて使いたいときに、いちいち洗面所に行く手間がかかりません。私にとって、とてもスムーズな"美の動線"ができているから、お手入れが習慣になり、長続きするのです。皆さんも、"MY美の動線"を作ってみてはどうでしょう？

# 肩甲骨&骨盤ゆるエクササでしなやかボディに

- 肩甲骨と骨盤は、連動して**ずれてくる**
- スリム体型より、**肩甲骨が正しい位置**にあるほうが、服を美しく着こなせる絶対条件
- 肩甲骨周りの筋肉を動かすと、**脂肪燃焼効果**が高まる

## スキマ時間にできる! 肩甲骨ほぐし

背中全体の筋肉をほぐしながら、肩甲骨を内外に動かすストレッチ。指先をできるだけ遠くに伸ばすのがポイントです。休憩時間などに気軽に行ってください。

ここに効く!
- 背中全体を効果的にほぐす
- 肩甲骨を正しい位置にもどす

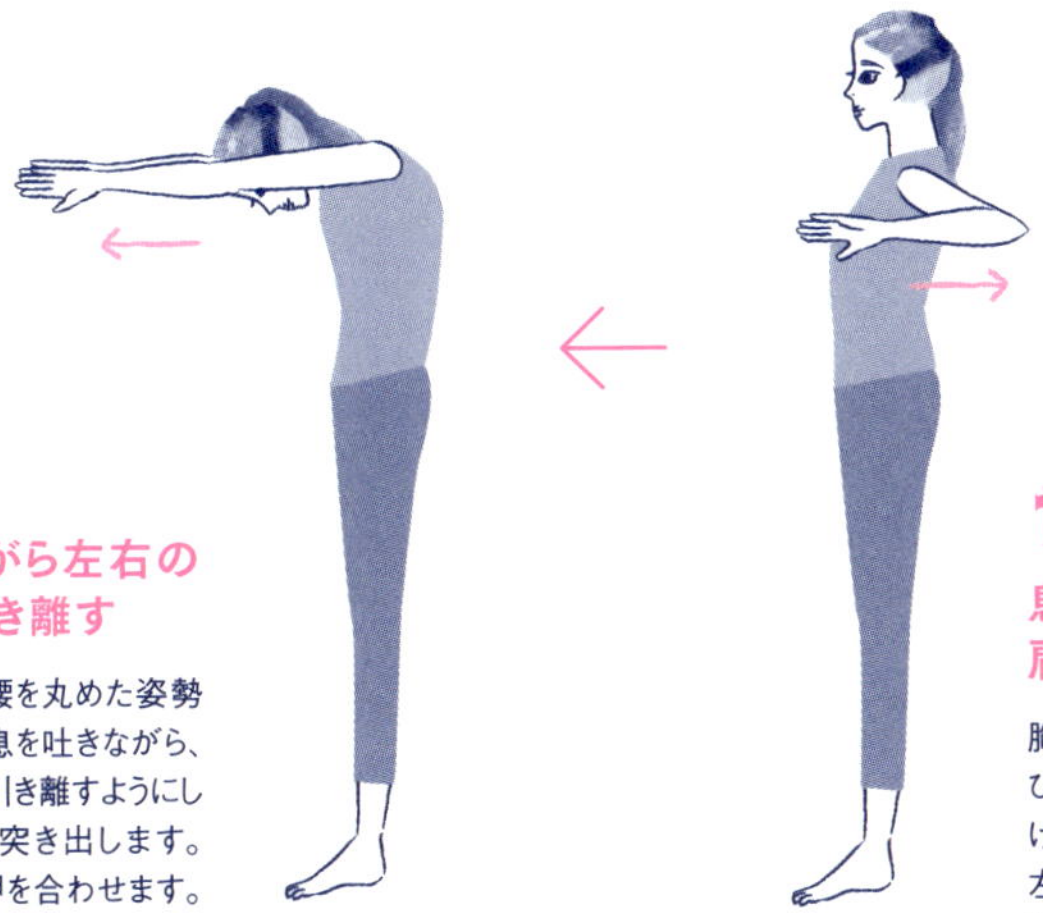

### 1
**息を吸いながら左右の肩甲骨を引き寄せる**

胸を張って両腕を肩の高さにあげ、ひじを曲げて手のひらを外側に向けます。ゆっくり息を吸いながら、左右の肩甲骨を引き寄せるようにして、ひじを後ろに引きます。

### 2
**息を吐きながら左右の肩甲骨を引き離す**

顔を下に向け、腰を丸めた姿勢のまま、ゆっくり息を吐きながら、左右の肩甲骨を引き離すようにして、両腕を前に突き出します。このとき両手の甲を合わせます。10セットくり返して。

### 肩甲骨が正しい位置にあると服も美しく着こなせる

長時間パソコンの前に座りっぱなし、ヒマさえあればスマホをのぞき込む。こんな姿勢を続けていると、当然ながら体は歪んできます。とくに著しいのが、肩甲骨と骨盤のズレ。首や肩の周りの筋肉がこって肩甲骨がずれると、肩がしなやかに動かなくなり、猫背姿勢のままさらに筋肉が固まるという悪循環に。猫背は骨盤の歪みにもつながりますから、全身の血流が悪くなって代謝も落ちてしまいます。何より歪んだ体では、どんなにすてきな服もキレイに着こなせません。着る人と服の肩の位置がきちんと合っていることが、服を格好よく着るために最も大事な条件。つまり、ほっそりスリムなことよりも、肩甲骨が正しい位置にあるほうが重要なのです。モデルの私が言うんですから、間違いなし（笑）。

そこで、私が実践している、肩甲骨をほぐしながら、骨盤も整えるストレッチをご紹介します。肩甲骨の近くは、褐色脂肪細胞が多く集まっている場所。この周りの筋肉をしっかり動かすと、脂肪も効率よく燃焼できて、太りにくい体質へと改善していけるんですよ。

# 肩甲骨＆骨盤回しストレッチ

医療機関でリハビリにも用いられるストレッチです。背中や肩甲骨周りだけでなく、太ももや二の腕の筋肉までまんべんなく伸ばし、体幹も鍛えます。骨盤内の血流も促進。

ここに効く！

- 上半身と下半身の筋肉を効果的にほぐす
- 骨盤周りの血流がアップ
- 肩甲骨のずれを正し、二の腕を引き締める

## 1

### 両手にタオルを持ち背すじをのばして立つ

脚を肩幅に開き、おなかをひっこめて、お尻の穴をしめるようにしてまっすぐに立ちます。両腕を肩幅よりやや広めに開いて、両手にタオルを持ちます。

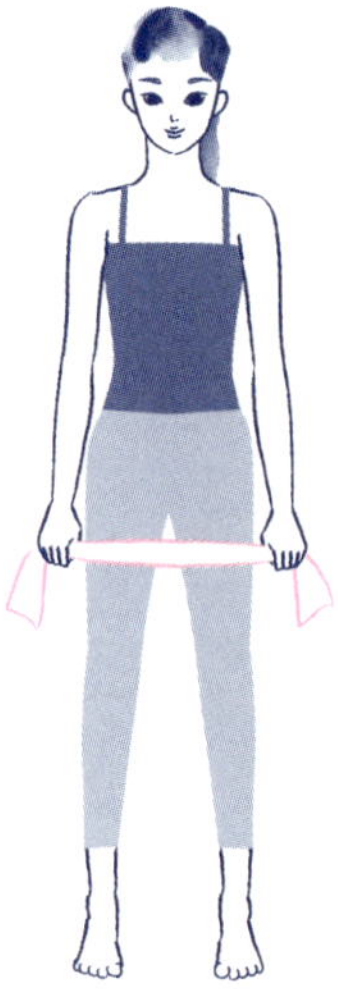

## 2

### 肩からひじは一直線のままひじ下を頭の上に上げる

タオルを持ったまま、両腕を頭上に上げます。このときタオルがたるまないように注意しましょう。

## 3

### ゆっくり呼吸しながら上半身を左右に倒す

呼吸をしながら、腰から上をゆっくりと左右に倒します。顔は上げたまま、脚も肩幅に開いた状態をキープして何回か行います。

## 4

### 上半身を前傾させて背中の筋肉をのばす

背すじをのばしたまま、腰から上を前に倒します。腕はまっすぐ下におろし、タオルがたるまないように持ちます。このとき、ひざが曲がらないように気をつけて。

## 5

### 上半身を反らせて肩甲骨を寄せる

次に、両腕をのばしたまま、腰から上を後方に反らせます。ムリのない範囲で、なるべく大きく反らしましょう。**4 ～ 5** を何回かくり返します。

Point

**肩甲骨も回す**

腕だけでなく、肩甲骨をしっかり動かしながら回します。

## 6

### 円を描くように上半身を回す

つぎに小さい円を描くように上半身を回します。背中が丸まらないように注意。腕をしっかり振りながら、少しずつ円を大きくしていきます。

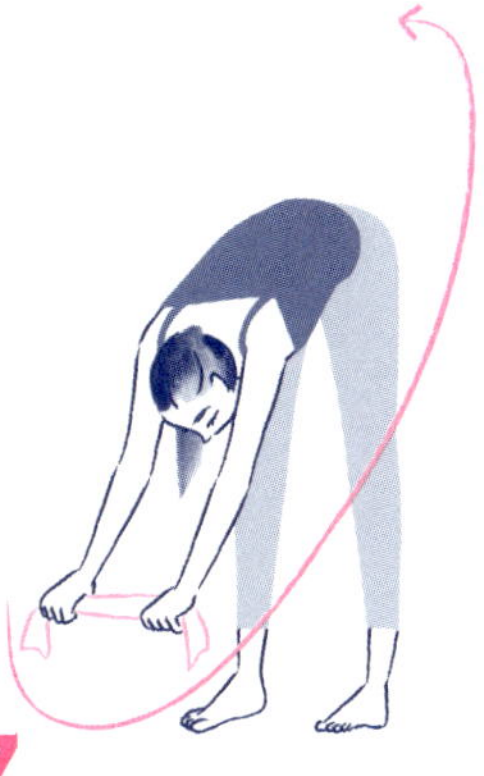

## 7

### どんどん円を大きくし逆方向へも同じように回す

腕をなるべく遠くにのばすように、大きく円を描いて上半身を回します。ひざを曲げないようにしましょう。**6 ～ 7** を逆方向へも同じように回します。

# むくみも脂肪もいらない！目指すは一生美脚！

- ただ細いだけでなく、正しい位置に筋肉のついた**しなやかな脚**が理想
- 美脚の大敵は、**むくみ**と**セルライト**
- 温めて血液とリンパの**循環を促すケア**が基本
- **マッサージ**や**ストレッチ**も効果的

# 翌日のむくみを防ぐ

脚を上げて足首を動かすことで、リンパや血液の流れを促進します。寝る前に行うと効果的。

ここに効く!

- 下半身のむくみを予防
- 太ももやふくらはぎの筋肉を引き締める
- 腹筋を引き締める

## 寝たまま開脚ストレッチ

**1**

**かかとをつけて つま先は外側に**

仰向けに横たわり、両脚を軽く持ち上げます。かかと同士をくっつけて、つま先は外側に開きます。

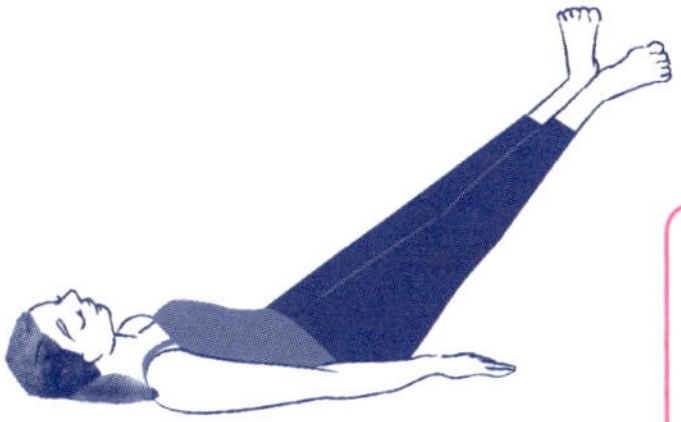

**2**

**上げたまま開脚し 足の甲はのばす**

足の甲をまっすぐのばし、脚全体に力を入れながら大きく開脚します。再び脚を閉じて **1** のポーズに。これを数回くり返します。

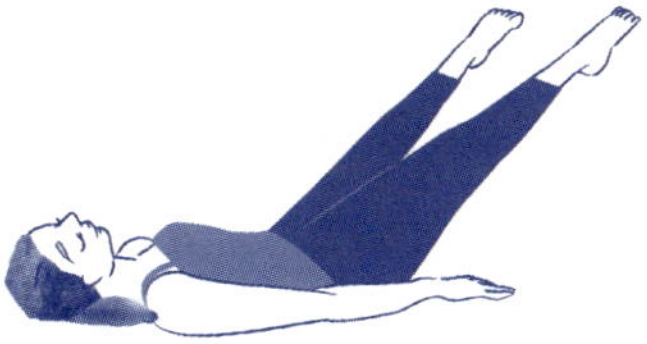

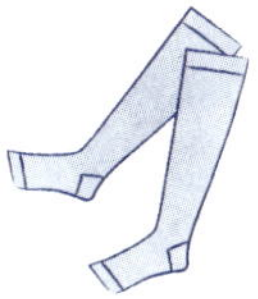

**日中用と就寝用の着圧ソックスを愛用**

移動の途中や待ち時間は、ロングスカートの下に日中用の着圧ソックス。寝るときは、就寝用の着圧ソックスに履き替えて、一日中むくみ対策。

## むくみやセルライトのないしなやかな脚が理想

ミニスカートからスラリとまっすぐに伸びる脚。それは女性の永遠の憧れです。ただ細いだけでなく、脚全体の筋肉が外側に張り出さず、ふくらはぎはスッキリ上がっている。ひざの上にはお肉がのっていなくて、足首はキュッと引き締まっている…。内側や後ろ側の筋肉も鍛えられたしなやかな脚こそが、私の理想です。

そんな美脚の大敵となるのが、むくみ、それから脂肪が固まってできるセルライト。対策としては、常に体を温めて、一日の終わりに血液やリンパの循環をうながし、たまった老廃物を流すケアが基本です。私はモデルという仕事柄、脚のむくみ対策にはかなり気をつかっています。お風呂でのマッサージをはじめ、美の動線でも紹介したゴルフボールの足裏マッサージ、それから、家でも移動の車や飛行機の中でも、寝るときだって着圧ソックスを愛用。ちょっとした空き時間にできるストレッチも取り入れて、脚の疲れやコリをとりながら、余分な脂肪がつかないように心がけています。いくつになってもキレイな脚でいたいから、美脚ケアも楽しく続けられています。

# コリや脂肪を撃退!

体の中でも大きな筋肉・太ももから、第2の心臓と言われるふくらはぎまでまんべんなくのばして、血流やリンパの流れを促進。背中やお腹のストレッチにもなり、全身が温まります。

## 下半身燃焼ストレッチ

ここに効く!

- 太ももやふくらはぎの後ろ側の筋肉をのばす
- 背中からお尻、わき腹の筋肉をのばす
- 全身の血流を促す

### 1 腰を上下に動かしながら脚裏の筋肉をのばす

背すじをのばしたまま右ひざをつき、左脚を前に出します。手を左太ももに置いて軽く押すようにしながら腰を上下に動かして、右脚の後ろ側の筋肉をのばします。

### 2 背中〜足先までまっすぐのばし腰を上下に動かす

上半身を前に倒して、両手を左脚の前につきます。、顔は斜め左に向け、背中から右脚までがなるべく一直線になるように右脚を後ろにのばして、腰を上下に動かします。逆の脚も同じように行います。

## 前もも伸ばしストレッチ

ここに効く!

- 太ももの前側の筋肉をのばす
- 腹筋をのばす

### 片脚をももの下に折り上体を後ろに倒す

座って右脚は前にのばし、左脚のひざを太ももの下に折り込んだまま、ひじをつけて上半身をゆっくり後ろに倒していきます。できる人は、そのまま仰向けに横たわります。逆の脚も同じように行います。

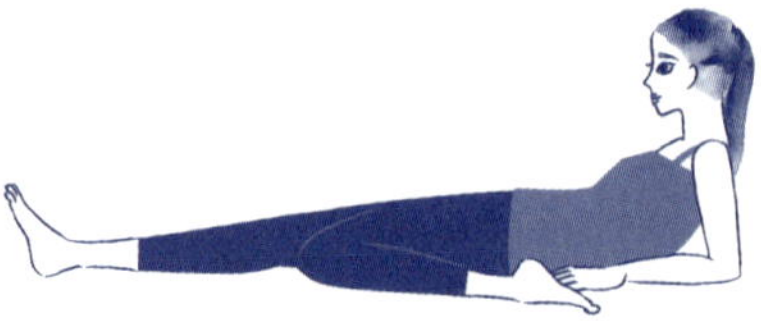

## ふくらはぎ引き締めエクサ

ここに効く!

- ふくらはぎの筋肉を刺激して、引き締める
- 脚の血流やリンパの流れをよくする

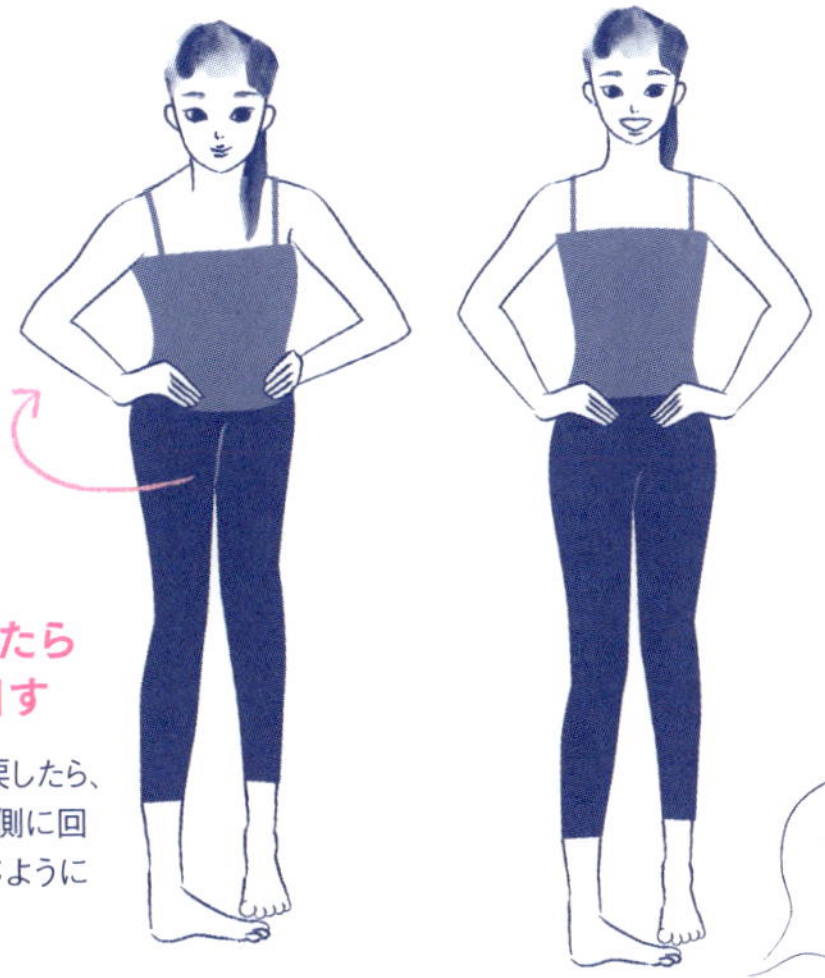

### 1
### 前に出した足の先を90度に曲げる

腰に手をあてて、肩幅に脚を開きます。右脚を前に出して、足首を内側に90度曲げます。

Point
**足首は必ず90度に!**

前に出した方の足首は、もう片方の足先に対して90度になるように、内側に曲げます。

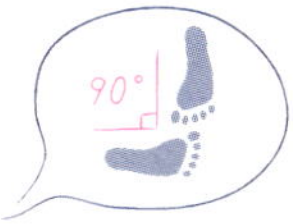


### 2
### 正面に向き直したらお尻を外側に回す

体は正面を向くように戻したら、お尻を後ろに引いて外側に回します。反対側も同じように行います。

### 座り姿勢を意識すると美脚に見える!

背すじをのばして、ひざを閉じれば、スラリとした美脚に。気品のある座り方をマスターしましょう。

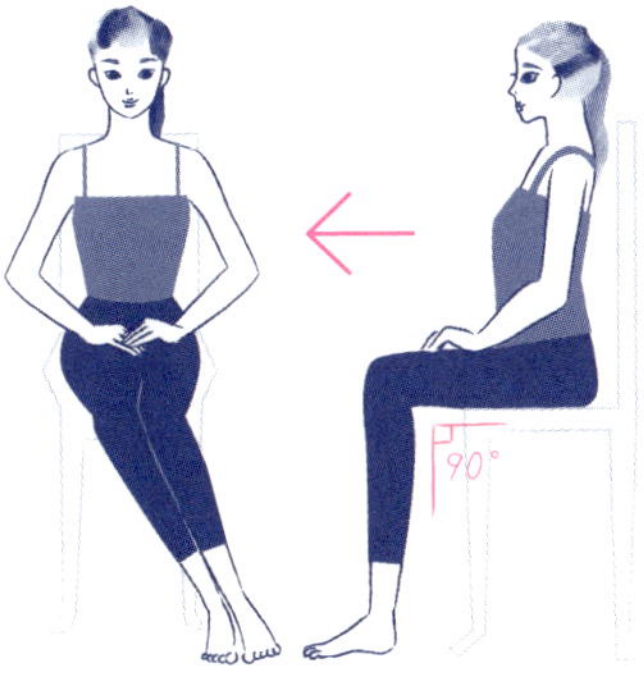


**椅子に浅く腰かけてひざの角度は90度**

背すじをのばし、ひざの角度が90度になるように、椅子の手前から3分の2あたりに腰かけます。手は股関節の上あたりに置いて。ひざ頭とかかとの2点をくっつけるように座ると、美しく見えます。脚を少し斜めに流すと、ほっそり長く見える効果も。

**NG**

ひざを椅子の脚の内側に入れて座ると、背中も自然に丸まり、猫背になってしまいます。

# ひじ・ひざ・かかとこそ〝行き届いたキレイ〟の見せどころ

- ひじ、ひざ、かかとの**カサつき**や**黒ずみ**は、おしゃれを台無しにする
- 角質がたまりやすく、荒れがちなパーツだから、**日頃からのお手入れ**が大事
- 化粧水と乳液で、クリームでしっかり**保湿**
- 月2の**角質除去**と週1の**酒かすパック**で、しっとりすべすべに

# カサカサ・黒ずみで印象大きくダウン!

強い刺激で角質が厚くなるのが、黒ずみの原因の1つ。日頃から、ひじ、ひざをつく姿勢をやめるなど、強い摩擦を与えないように心がけ、しっかり保湿しましょう。

週1回のスペシャルケア!

## ひじ・ひざ・かかと用酒かすパック

### 材料

- 酒かす …… 100～200g
- 純米酒 …… 適量
- 小麦粉 …… 適量

### 作り方

1 酒かすをすり鉢に入れてすりつぶす。

2 1に純米酒と小麦粉を加えて混ぜ合わせ、耳たぶくらいの硬さになれば完成。

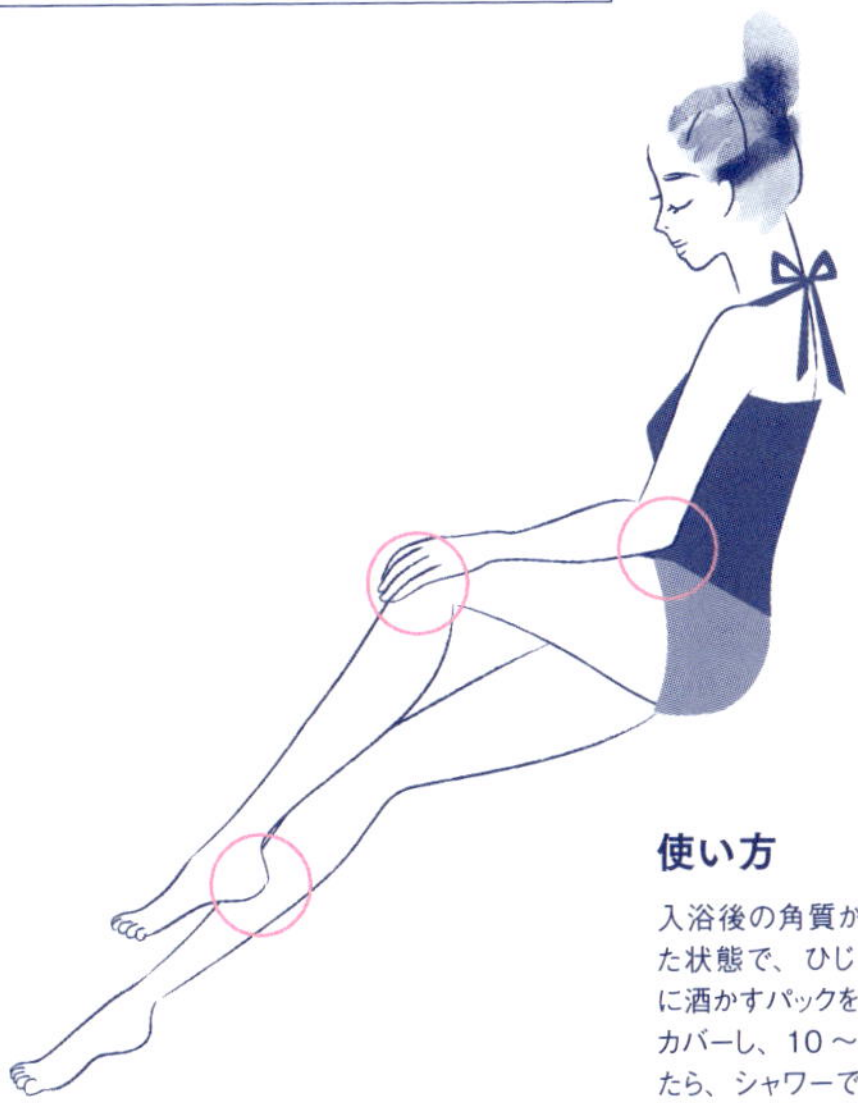

### 使い方

入浴後の角質がやわらかくなった状態で、ひじ・ひざ・かかとに酒かすパックを塗る。ラップでカバーし、10～15分ほどおいたら、シャワーで洗い流す。最後に化粧水と乳液で保湿する。

## ターンオーバー機能が落ちると角質がたまってガサガサに!

顔や髪ほど注目される場所ではないけれど、カサつきや黒ずみがあると、途端に悪目立ちしてしまう。それが、ひじ、ひざ、かかとです。もともと体の中でも角質が厚く、乾燥などで荒れがちなパーツですが、年齢とともにターンオーバーの機能が落ち始めると、角質がたまって黒ずみやすくなるのです。メイクやファッションがバッチリ決まっていても、ひじ、ひざ、かかとがガサガサだと台無し。大人の女性のうるおいは、この3カ所で問われると言っても過言ではありません。肌の露出が増える季節になって慌てる前に、日頃からお手入れをしておくと安心です。

柔らかいスポンジなどでやさしく洗って、美白成分入りの化粧水と乳液でしっかり保湿する。乾燥がひどいときは、さらにボディ用クリームをぬってあげれば、ターンオーバーが正常化して角質が柔らかくなってきますよ。私はさらに、手作りの酒かすパックを週1回、スクラブを使った角質除去を月2回程度行います。好きなコスメブランドのスクラブをいくつか持っているので、その日の気分で選ぶのも楽しいですよ。

# エイジレスな手もとを作るハンドケア

- 手は人目にもっとも触れるパーツ。デイリーな**保湿ケア**を
- 指の関節は黒ずみやすいので、週1回の**ゴマージュ**が効果的
- ハンドクリームやネイルオイルは**こまめにぬり直す**
- 手の甲に**サンパウダー**で紫外線をガード

### ハンドクリームは常にそばに！ 一日何度もぬり直して

外出先で化粧室に立ったときなど、いつでもぬり直せるように常に携帯。美の動線上にも置いて、夜中に目が覚めたときもぬっています。

### 週1回のゴマージュでしっとりなめらかな手に

ホホバオイルに海塩などの天然塩を加えて混ぜ合わせ、手や指、爪にマッサージするようになじませてから洗い流し、化粧水と乳液で保湿します。

## こまめな保湿と紫外線対策で うるおいのある美しい手に

手は人目にもっとも触れるパーツです。所作がエレガントだと女性としての格が上がりますが、それも美しい手指であってこそ。華やかなネイルを引き立てるのも、白くなめらかな手もとです。日常的なケアを心がけたいですね。

私は、顔に使う化粧水や美容液を、そのまま手にも使います。顔のお手入れのときに、一緒に手や指へなじませてしまうのです。指の関節部分は角質がたまって黒ずみやすいため、週に一度はゴマージュもしています。ハンドクリームやネイルオイルは、こまめにぬり直すのがポイント。移動の車の中、バッグの中、リビングや寝室など行く先々に、それぞれお気に入りのクリームを置いて、一日に何度も気づいたときにサッとぬる習慣を作っています。好きな香りのものだと、気分も上がりますよ。

紫外線が強い季節は、手の甲にもサンパウダーをぬってガードしましょう。年齢が出やすいパーツでもありますから、顔と同じくらい保湿と紫外線対策は徹底したいところです。うるおいのある美しい手は、女性としての自信につながります。

# 美ボディを作るアン ミカ流パワーフード

- **体が喜ぶ食材**で、ウエルカムエイジング
- **調味料**や**だし**として、いろんな料理に使えるパワーフードがおすすめ
- 白砂糖を使わず、**甘酒**や**オリゴ糖**、**はちみつ**で代用
- 野菜のフィトケミカルが凝縮した**ベジブロス**で、免疫力もアップ

## キレイをサポートする8つのパワーフード

調味料やだしとして、毎日の食事に取り入れやすいのも魅力。わが家のキッチンの定番パワーフードをご紹介します!

### オリゴ糖
小腸で吸収されず大腸まで届いて、善玉菌のエサとなって増殖をサポート。腸内フローラを整えるので、便秘解消にも役立ちます。

### チアシード
女性ホルモンのバランスを整える働きがあります。中性脂肪の量をコントロールし、悪玉コレステロールを減らすので、ダイエットにも効果的。

### 甘酒
オリゴ糖や必須アミノ酸、ストレスを緩和するGABAなども含まれます。麹菌は真皮層のコラーゲン生成をアップする働きも。

### 黒にんにく
ふつうのにんにくの10倍の抗酸化力があるそう。免疫力や代謝を上げるのにも役立つ、パワーフードです。

### バルサミコ酢
ぶどうの皮と種だけに含まれるポリフェノール・プロアントシアニンが、高い抗酸化力を発揮。メラニン細胞の増殖を抑える美白効果も。

### はちみつ
アミノ酸、ビタミン、ミネラルが黄金比率で含有されていて、栄養満点。砂糖の代わりに使えて便利です。

### ベジブロス
野菜の皮やヘタなどに含まれるフィトケミカルがたっぷり。高い抗酸化力を持ち、免疫力アップなどの健康効果も期待できます。

### アマニ油
オメガ3脂肪酸を含有。血流を促すので、冷えやコリを緩和します。腸内環境を整え、善玉コレステロールを増やす作用もあります。

### 体が喜ぶパワーフードはウエルカムエイジングにマスト

美しい肌や髪、そして健康的な体型をキープするために、食事の中でとくに大事にしていることがあります。それは、体が喜ぶ食材を取り入れること。

例えば、私はもう何年も、精製された白いお砂糖を使っていません。その代わりに料理などでも重宝しているのが、甘酒です。甘酒にはオリゴ糖が含まれますし、米を麹で発酵させた自然な甘みが本当においしい! オリゴ糖そのものやはちみつも、調味料としてわが家では大活用。油はオメガ3脂肪酸の入ったものが中心です。今人気のアマニ油は、熱に弱いのであえものに使ったり、納豆に入れたりして、頻繁にとっています。

最近のブームは、ベジブロス。野菜の皮やヘタ、根っこなど捨ててしまうような部分には、じつは紫外線から体を守る抗酸化成分や、野菜が育つための栄養分が凝縮されています。これらをじっくり煮出してとっただしが、ベジブロス。野菜から出た甘みが美味で、私は作り置きをしていろんな料理に加えています。私にとってのパワーフード。どれもウエルカムエイジングには欠かせないものばかりです。

# 食べるコスメ〝美容液ドレッシング〟

- 健康や美容を考えるなら、ドレッシングや調味料も**体が喜ぶもの**に
- アン ミカ流パワーフードが入った**食べるコスメ**は、いろんな料理に使える
- **キムチ**と**テンジャン**は、食材であり調味料
- 「体にいいもの」と思って食べると、**吸収がよくなる**

アン ミカのお気に入り

## “美容液ドレッシング” Recipe

### 材料

- 玉ネギ …………………… 1/4個
- リンゴ …………………… 1/4個
- プチトマト（黄色） ……… 2個
- 有機アマニ油 ………… 大さじ2
- バルサミコ酢 ………… 大さじ2
- オリゴ糖または はちみつ ……………… 大さじ2
- 甘酒 …………………… 大さじ2
- にんにく醤油 ………… 小さじ2
- チアシード …………… 小さじ2
- らっきょう（好みで） …… 2個
- ベジブロス …………… 大さじ1
- 黒こしょう …………… 少々

### 作り方

1 玉ネギはすりおろし、プチトマトはオリーブオイル（分量外）で軽く炒めておく。

2 すべての材料をミキサーにかけて、とろみが出たら完成。

## Arrange!

基本の美容液ドレッシングに、ヨーグルト大さじ2と塩麹大さじ1を加えると、また異なったまろやかな味わいに変化します。肉料理のソースなどにぴったり!

## 「こんなに体にいいものだ」信じて食べると吸収もアップ

忙しくて食事が不規則でも、とりあえず野菜サラダは食べよう。そういうとき、何気なく使っているドレッシングや調味料。じつは油や砂糖、添加物がたっぷり入っているものも少なくありません。せっかく健康や美容のことを考えるのなら、ドレッシングも体が喜ぶものを使ってみませんか？ 私がいつも手作りしているのは、アンチエイジングカフェ「age」の先生に習ったその名も〝美容液ドレッシング〟。アン ミカ流パワーフードをすべて盛り込んだ、食べるコスメです。材料をミキサーで混ぜるだけだから、作り方はとにかく簡単！ 私は多めに作って冷蔵庫で保存し、一週間を目安に使い切っています。他の食材を加えてアレンジもできるから、野菜、肉、魚料理などなんにでもかけちゃう。

他にも冷蔵庫に常備しているのが、キムチと韓国の味噌・テンジャン。どちらも乳酸菌たっぷりの発酵食品で、調味料としても活躍してくれます。大切なのは、「こんなに体にいいものなんだ！」と思いながらいただくこと。脳の力はすごいもので、いいと信じて食べると栄養の吸収もアップするんですって。

# 旬の食材から美運と時運をいただく

- 韓国では**医食同源**が根付いている
- その土地で育った**旬の食べ物**からは、体に必要な効能が得られる
- 食べ物から**命と時運**をいただくことに感謝して、おいしく楽しく食べる

**春**

山菜など、えぐみや苦みの強いものが旬を迎える時期。これらには、冬の間にたまった毒素をデトックスしてくれる働きがあります。

**夏**

キュウリや冬瓜、ゴーヤなど、ウリ科の植物が出回る時期。利尿作用があり、体の熱をとってくれる効果があります。

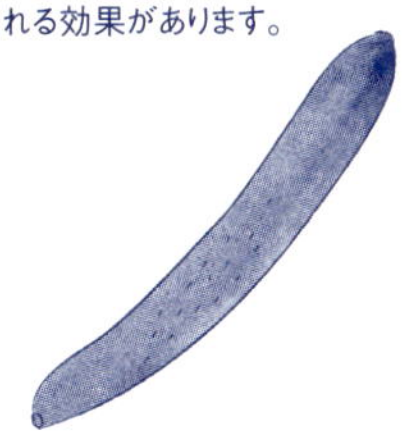

**秋**

秋の食材は、夏の間に日差しを浴びた体を守るようにできています。サツマイモは、メラニンを抑えるビタミンCがたっぷり。

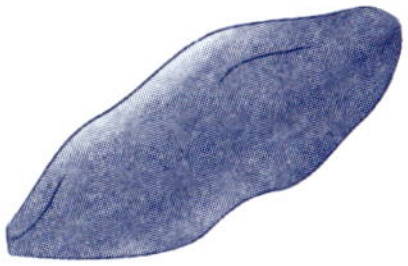

**冬**

体が冷えて、胃腸の動きが悪くなる季節。ヤマイモや大根のように、消化がよくて体を温めるものが旬を迎えます。

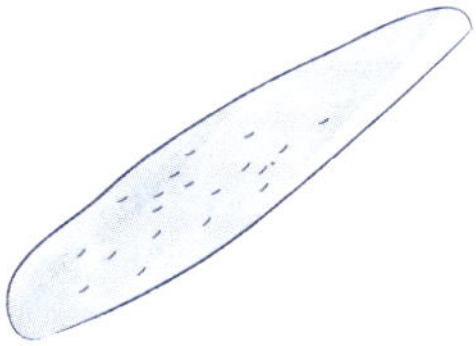

## 食べ物への感謝の気持ちが美運アップにつながる

人を良くすると書いて「食」。韓国では、食べるものが薬という医食同源の考えが根付いています。外食産業のなんと約7割が韓国料理! それほど自国の食に誇りと愛着を持っている韓国では、壁に〝この料理はどこが体にいいか〟という説明書きを貼っているお店もあるほど。第1章で紹介した「四象《ササン》体質医学」でも、体質に合った食べ物を取り入れることを基本としていました。

それに加えて韓国人が大切にしているのは、その土地で育った旬の食べ物を食べて、時運をいただくということです。夏の食材は体の熱をとり、冬の食材は体を温める、そんな食の知恵が、家庭の中で当たり前のこととして生きている。私もまた、母の「今日はおにいちゃんが熱っぽいから、ウリを食べようね」なんて声を聞きながら育ちました。日本でも昔は、同じような食に対する〝おばあちゃんの知恵袋〟が、家庭で受け継がれてきたはずです。食べ物から、命と一緒に時運をいただいていることへ感謝しながら、食事をおいしく楽しむ。それこそが、体の中からキレイを養い、美運を上げてくれるのです。

# 美人はおやつ上手。3.5食でストレスフリーなダイエット

- おなかが減ったときに食べる。**無理して食べない**
- **食事＋おやつの3.5食**をバランスよくとる
- **体の声**と**食事のサイクル**が、自然に合うのが理想

**1 朝食**

排せつを促す乳酸菌の入った発酵食品や、ビタミン、ミネラル、酵素がとれる野菜やフルーツをとると効果的です。

**1 昼食**

消化が活発な時間なので、パスタなどの炭水化物や揚げ物など、食べたいものを食べて気持ちも満足させましょう。

**0.5 おやつ**

ビタミンやミネラルが豊富なドライフルーツや、オメガ3脂肪酸を含むナッツ類は、美容にもいいのでおすすめです。

**1 夕食**

体に入った栄養を蓄える時間なので、食べ過ぎると胃腸や肝臓などに負担がかかります。夜遅い時間の食事は、控えめにして。

## 無理して食べなくてOK 体の声に従うと体が喜ぶ

体の声に耳を傾けて食べる。それもまた、私が大切にしている食との向き合い方です。朝はしっかり食べたほうがいいとも言われますが、前の晩に食べ過ぎて食欲がない日もありますよね。そんなときは、無理をして食べない。私の場合、切りたてのフルーツをつまんで酵素をとる程度で、軽く済ませる日もあります。朝は排せつの時間なので、あとは乳酸菌の入ったヨーグルトでも十分。昼は消化の時間。好きなものを好きなだけ食べると、体も喜びます。そして、午後3時から5時は、仕事で頭も体もフル回転。一番カロリーを消費する時間ですから、おやつでエネルギーを補給するようにしています。いただいたお菓子を食べることもあるけれど、なるべくナッツやドライフルーツなどを口にするようにしています。おいしくて栄養たっぷりで、噛み応えもあるから満足度が高い！

そして夜は吸収の時間です。翌朝の排せつを助ける、食物繊維の豊富な食材を中心にいただきます。

基本的には、おなかが減ったときに食べる。体の声と食事のサイクルを、上手に合わせていくのが理想ですね。

顔・ボディ・髪のお手入れに欠かせない！

# アン ミカ愛用コスメCollection

## FACE

**コスメコンシェルジュとして成分もこだわりながら使っています**

社団法人日本化粧品検定協会公式アンバサダーという大役をいただき、私自身も化粧品の中身・成分まで学ぶ日本化粧品検定一級と、その上の、コスメが読めるようになるコスメコンシェルジュ資格を取得しました。今も大好きなコスメに関する勉強を続ける毎日。アン ミカ・プロデュースのコスメブランド「エスプリーナ」は、成分一つ一つに徹底的にこだわって、「これは本当にいい！」と自信をもてるアイテムだけを揃えています。また、仕事柄さまざまな新しい商品を教えていただくことも多いのですが、必ず自分で使って、その効果を試してみるのが、私のポリシー。そんな中から、とくにお気に入りのアイテムをご紹介します！

※価格は全て税抜きで表記しています。

選び抜いた
美容成分が肌に
しっかり浸透します

### エスプリーナ RG II リンクル クリーム Rich

高麗人参から抽出したサポニンの一種ピュアRG2や、3次元立体構造を持つ3Dヒアルロン酸など、72種類の厳選した美容成分を配合。肌のハリや弾力を、集中的にケアするクリーム。メーカー希望小売価格9,500円／瑞原 0120-916-915

まるで泡立つ
美溶液！肌にやさしく
洗顔できます

### エスプリーナ インナーリフト バブルクレンジングフォーム 2本セット

ハロゲイト炭酸水と植物由来の洗浄剤を配合。濃密な泡が汚れを浮き上がらせるから、メイク落としも洗顔もこれ1本でOK。毛穴や角質もケアするので、透明感がアップ。和漢植物エキスやエイジングケア成分が、肌にうるおいとハリを与えます。メーカー希望小売価格2本セット10,300円／瑞原 0120-916-915

目もとのケアに
大活躍！
“シワを改善する”
美溶液

### リンクルショット メディカル セラム

シワのメカニズムから研究し直し、約5400種の素材を1つずつ検証。15年の時間をかけて開発した、“シワを改善する有効成分”配合の医薬部外品美容液です。15,000円／ポーラお客さま相談室 0120-117111

洗顔直後の
優秀美容液
デビュー時から
愛用♡

### インナーシグナル リジュブネイトエキス

独自の薬用有効成分エナジーシグナルAMPを高濃度配合。基底層の母細胞に働きかけ、エネルギー代謝を高めてターンオーバーを促進。透明感のある肌に導きます。10,000円／大塚製薬お客様相談窓口 03-3293-3212

## SHINPI

話題のミネラル・ケイ素や、水素、EGF、プラセンタ、ヒアルロン酸などの100％美容成分を、贅沢に配合した美容シート。貼るだけで、うるおいとハリ感が復活します。5回分12,500円／リズム 0120-364-367

貼ったその日の
うちにほうれい線も
消えました！

番組で紹介したのが
きっかけ その成分の
すごさに感動しました！

## ダーマライズ（美容液）
## （右）エクストラエッセンス
## （左）ディープ・エッセンス

（右）ターンオーバーの加速に不可欠なEGF様ペプチドを、独自の新技術で安定化させて配合。さらに、特許成分・マリンプラセンタ®などの美肌成分も配合しています。8,570円、（左）コラーゲンを作る線維芽細胞の再生・増殖にかかわるFGF様ペプチドや、お茶の水女子大開発の環状ホスファチジンなど弾力&肌力アップに導く成分を贅沢に配合。2つのセット使いがおすすめ。12,000円／ダン 0120-205-880

## フェイスオイル

天然のビタミンEが豊富なオーガニックのヒマワリ種子油など100％植物オイルとはちみつを組み合わせた、しっとりとやわらかな肌に整えるBIO認定オイル。11,000円／ハッチ 0120-1912-83

オーガニック
オイルとはちみつで
肌にツヤ♪

海由来の贅沢
エッセンスに
肌が喜びます

天然由来成分
100％の美溶オイルで
肌プルプル！

## ザ・リニューアル オイル

海藻などから生まれた独自の保湿成分ミラクル ブロス™と厳選オイルの二層が混ざり合い、角質層のすみずみまで浸透。肌にうるおいと輝きを与えます。27,000円／ドゥ・ラ・メール 03-5251-3541

## 高品位「スクワラン」30ml

肌にもともとあるうるおい成分で、乾燥や刺激から肌を守る機能にも深く関わるスクワランを100％配合。これ1つで乳液やクリーム代わりに使えます。2,500円／ハーバー 0120-16-8080

## BODY

### ステンダース 手作り石けん

バルト三国・ラトビアの手作り石けん。極寒と乾燥の地で生まれた植物エキスやハーブをそのまま閉じ込め、麗しい香りとともにさっぱりとしっとりを同時に体感できる洗い心地。量り売り100g1,728円～／ステンダース・ジャパン www.stenders.jp

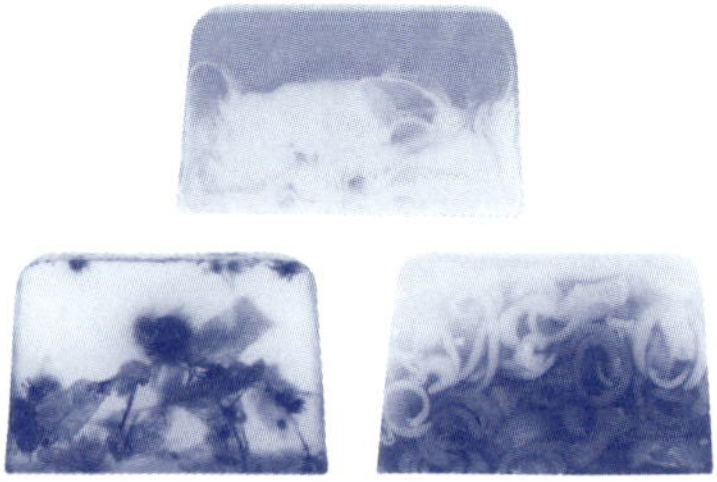

見た目もキレイでかわいい♡ボディソープとしてリピ買い中！

引き締めパワーを実感できます！

### 3Sボディクリーム

肌の凸凹を整えてなめらかにするイソフラボンなど4つの植物エキスに、コンフリー幹細胞エキスを組み合わせることで、脂肪燃焼サポート力が大きくアップ。8,000円／ベリタス販売 0120-61-5554

25年来の愛用品！香りでリフレッシュ

### ボディ オイル “アンティ オー”

サラッと軽いテクスチャーのヘーゼルナッツオイルに、ビターオレンジ、レモンなどのエッセンシャルオイルをプラス。水分によるむくみをやわらげて、スッキリした肌に整えます。7,400円／クラランス 03-3470-8545

## HAIR

マッサージでなじませればOK 頭皮トラブルも落ち着きます！

### トーヒエッセンス

植物エキスをバランス良く配合した頭皮用化粧水。頭皮にうるおいを与えて守り、健やかな髪へと導きます。薄毛・脱毛の方にもおすすめ。1,700円／フォードヘア化粧品 06-6761-5636（代）

ツバキ＆アルガンオイル入りで髪がツヤツヤになります！

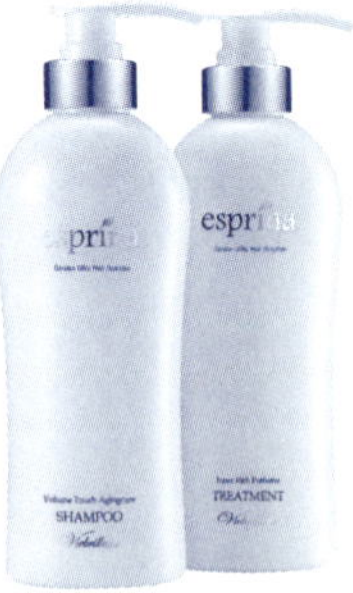

### エスプリーナ ボリュームタッチ エイジングケア シャンプー／インナーリッチ パフューム トリートメント

髪と頭皮をケアする炭酸シャンプー&トリートメント。6種のハーブエキスと17種の和漢植物エキスが髪の内部までに浸透して、ダメージを補修、保護。頭皮と髪にうるおいを与えて、ツヤ髪に導きます。メーカー希望小売価格（シャンプー）5,900円、（トリートメント）5,100円、2本セット11,000円／瑞原 0120-916-915

アウトバストリートメントにオイルでたっぷり保湿！

### モロッカンオイル トリートメント

抗酸化成分たっぷりのアルガンオイルや各種ビタミンを配合。髪にすばやく浸透し、まとまりやすくなめらかなツヤ髪に仕上げます。100mL4,300円／モロッカンオイル ジャパン 0120-440-237

## タミーテイラー
## ピーチクイックドライ
## &キューティクルオイル

爪にうるおいを与えながら、ネイルポリッシュの速乾性をアップ。ホホバ油などの天然オイルをブレンド。ほんのりやさしいピーチの香り。800円／マリナ・デル・レイ 0120-320-775

おうちでの
ネイルケアに天然
オイルでうるおいも

# - HAND -

移動の車に
置いています
これ1つでネイルも
キレイに!

## ナノアミノ ハンド&ネイル リペア クリーム

深刻な手荒れも修復して、しわやくすみなども防止します。爪をつややかに整えて、甘皮の補修効果も。指先までしっとりうるおうハンドクリーム。1,900円／ニューウェイジャパン 0120-811-760

# - LIP -

ペンシルは、
大人の唇にマスト!
なめらかに
ふちどれるのが◎

## M·A·C リップペンシル

スムーズ&クリーミーなタッチでりんかくをふちどります。唇全体にのばせばリップカラーとしても使える、全34色の豊富なカラーバリエーション。2,400円／M·A·C 03-5251-3541

つけた瞬間から
唇ふっくら!
もう手放せません

## ラシャスリップス

特許取得のペプチドと海洋性無水コラーゲンが、唇と口の周りの小じわを目立たなくして、唇の輪郭をしっかり際立たせてくれます。フリーラジカルから唇を守るビタミンも配合。7,500円／PRSS.Japan 03-3667-7252

# - MAKING UP -

しわや毛穴を
しっかりカバー
化粧崩れも
しにくい!

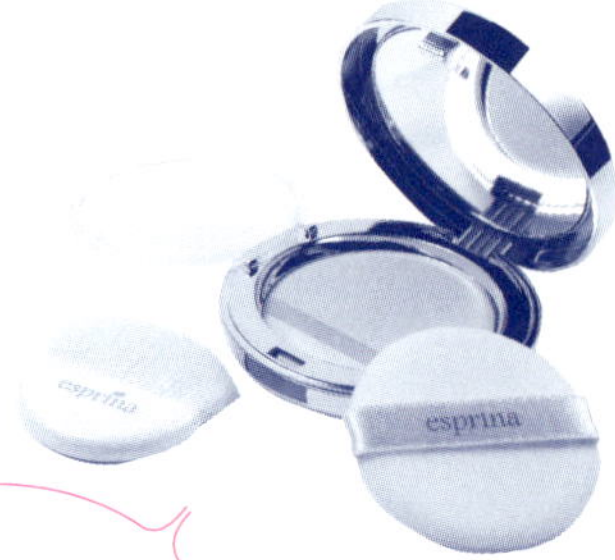


メイク直しのイエローと
ラベンダーも
入ったパウダー♪

**エスプリーナ**
**(右)インナーリフト**
**モイスチャーミネラルパクト**
**(左)インナーリフト**
**モイスチャーBBクリーム**
**(本品45㎖、携帯用20㎖)**

(右) 仕上げのパウダーにハイライト、さらにはUVカットもできるマルチパクト。ツヤベージュ、ラベンダー、イエローの3色で、立体感と透明感、血色感をアップ。SPF25 ／ PA++ メーカー希望小売価格6,800円 (左) やわらかくてみずみずしいテクスチャーのBBクリームは、濃厚な美溶液をぬったような美肌膜でうるおいが長持ち。SPF30 ／ PA++ 7,600円、2点セットで14,400円／瑞原 0120-916-915

**エスプリーナ インナーリフトクッション**
**BBファンデーション レフィル付**

6色パウダー (白、黒、黄色、赤、青、緑) が肌に密着し、肌の悩みをカバー。3次元立体構造を持つ3Dヒアルロン酸などの保湿成分も配合。SPF50+/PA+++ メーカー希望小売価格11,000円／瑞原 0120-916-915

魔法の6色
パウダーが顔に
なじんで彩度アップ

ナチュラルに見えて
気になるところは
ちゃんとカバー!

**エレガンス　ラ プードル**
**オートニュアンス III**

色とりどりのパウダーが、シルクのような上質な肌触りと、ふんわり明るい透明感を与えるリメイク用フェイスパウダー。10,000円／エレガンス コスメティックス 0120-766-995

メイク直しの
マストアイテム
ワントーン明るく
華やぐ肌に!

**コスメデコルテ　ラクチュール**
**パーフェクトコンシーラー**

シミ・ソバカスをしっかりカバーしながら、なめらかにのびて自然な仕上がり。うるおいと美しさが長時間持続するコンシーラーです。3,000円／コスメデコルテ 0120-763-325

### エスプリーナ インパクトアイ・ボリュームアップ マスカラ 2本セット

まつ毛美容液、マスカラ下地いらず、ボリューム&ロング&カールも自在な多機能マスカラ。まつ毛にうるおいやハリ・コシを与える和漢植物エキス配合。メーカー希望小売価格2本セット10,400円／瑞原 0120-916-915

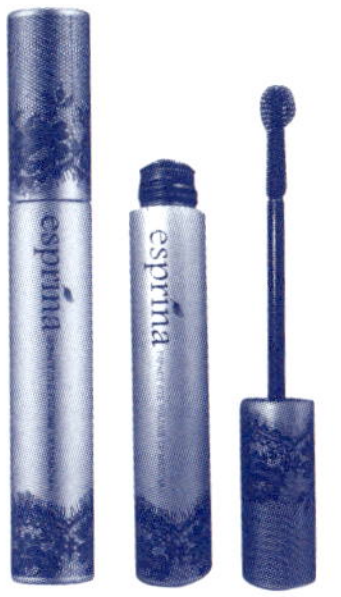


ぬりやすい360度
マスカラ ぬるま湯で
簡単に落とせます！

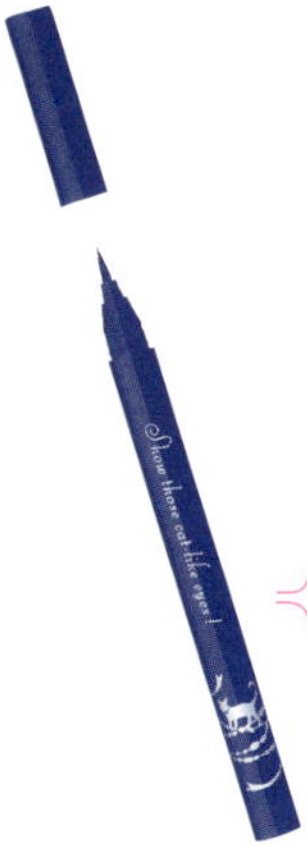

大人のまぶたにも
のりやすい！ 印象的な
目もとを演出できます

### インテグレート キャットルック リキッドアイライナー

筆ペンタイプのリキッドアイライナー。極細で短めの筆だから、目もとの繊細なラインから目尻のはね上げラインまでブレずにくっきり描けて、発色もつややか。950円（編集部調べ）／資生堂 0120-81-4710

スッと通った
鼻筋に仕上げるのに
大活躍！

### KATE デザイニングアイブロウN

眉や鼻筋に自然な陰影を描いて、目もとを立体的に演出する、パウダータイプのアイブロウ。濃～淡の3色入りで、アイブロウ用ブラシ&ノーズシャドウ用ブラシ付き 1,200円／カネボウ化粧品 0120-518-520

アジア人の目に合う
キレイな発色！
好みの色を混ぜて
使っています

### ルナソル スリーディメンショナルアイズ

3段階の光で構成されたハイライトカラーとシェードカラー。光と影を思い通りに操り、立体的な目もとを作る4色セットのアイシャドウ。5,000円／カネボウ化粧品 0120-518-520

リキッドタイプの
チークでぽーっと
上気したような
頬に！

### アディクション チークポリッシュ

さらっと軽いリキッドを筆で肌にのせてから指でぼかすだけ。自然な血色の頬に染め上げます。ローズヒップオイルなどのエモリエント成分配合。2,800円／アディクション 0120-586-683

Chapter

# 3

# 内側から にじみ出る 美しさの磨き方

# いい女はしぐさで決まる!

- 指先の動きに常に心を行き届かせ、**しなやかでエレガントな所作**に
- **中指**と**薬指**を揃えて使うのがポイント。指を細く長く見せようと意識することを忘れないで
- 指は美しく広げ、**やわらかな動きに**。遠近感を利用して小顔に見せるテクニックも

# 中指と薬指でやわらかなしぐさを

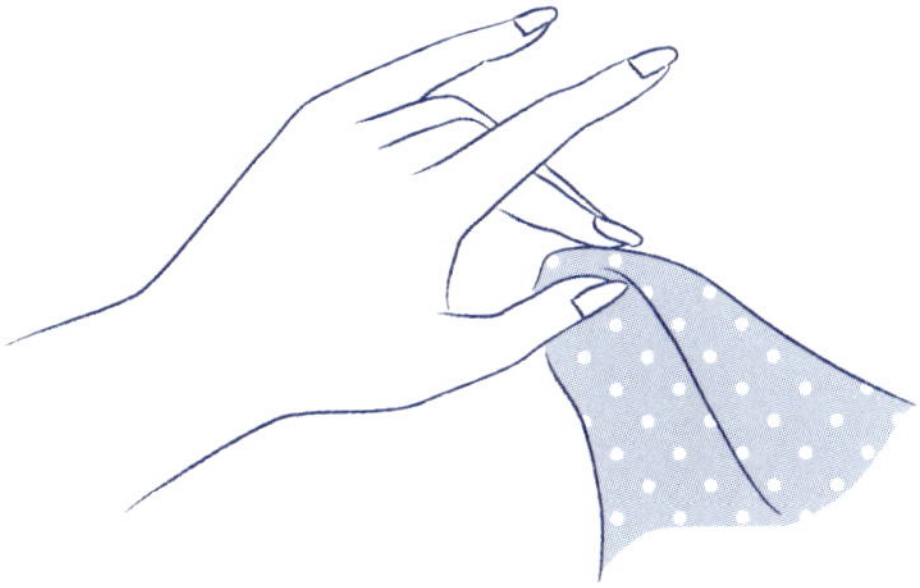

### すっと伸ばして中指と薬指で影絵のきつねの手つき!

ものを手に取るときには、中指と親指でつまむのが基本。薬指をそろえるように添えると小指と親指が自然に開き、やさしく優雅な手つきに。

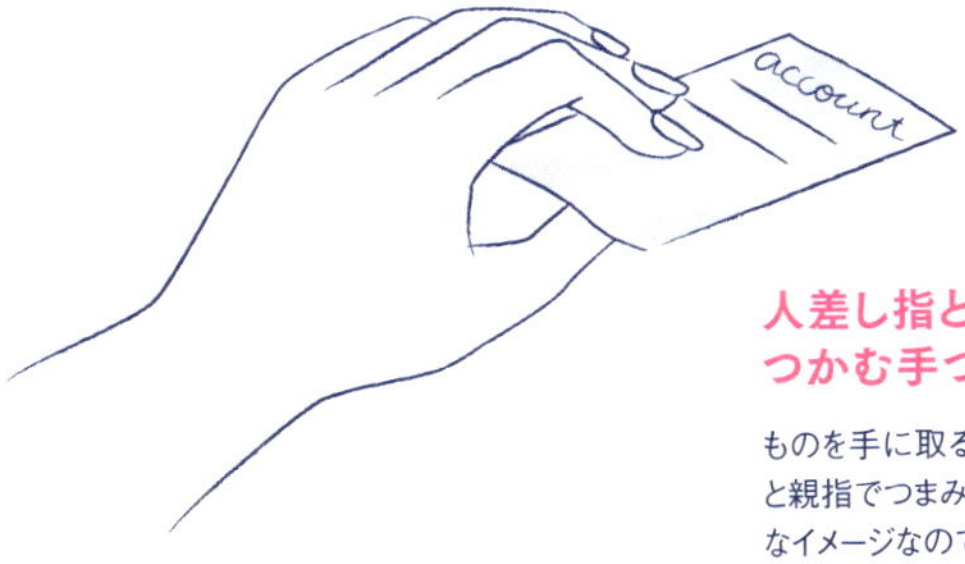

### 人差し指と親指でつまむのはNG　つかむ手つきになり、ガサツな印象

ものを手に取るときに、力のある人差し指と親指でつまみがち。これは突きつけるようなイメージなので女性らしさが感じられない。

## 中指と薬指を使うのが原則　ほっそりとした動きに

手先、指先は小さな部分ですが、目につくところである上、よく動かすので、相手の印象に強く残ります。ちょっとしぐさを工夫するだけで、女性らしさを感じさせ、よりエレガントに見せてくれますよ。

私は自分の手が大きくてちょっと太いことを自覚しているので、とくに手の動きには気を使っています。できるだけほっそりとした手の美しい人というイメージになるようにと念じて。

中指と薬指を使うことを習慣にすることがポイントです。何か物を取るとき、中指と薬指を自然に揃え、親指と3本でティッシュを取るようにそっと手にすると優しい動きになります。小指と人差し指が自然に伸び、優雅に広がるようなしぐさになるんです。子供の頃にきつねの影絵を作ったときのイメージです。

手を少し前に出せば、遠近感で小顔に見え、曲線、S字を意識して動かすと女性らしいし、品のいい所作になりますね。

難しいことではないので、だれでもトライできます。常に心がけることが大切で、習慣にしてしまえば、意識しなくてもしぐさ美人になれますよ。

# 歩き方には内面があらわれる

胸を張って前を見て、すっとまっすぐに立ち、どうどうと歩く姿には**前向きな姿勢**が見える。

姿勢はこだわりと自信のあらわれだから、**凛とした歩き方**は、確固とした信念のあらわれ

目を奪われるオーラを放つには**肩甲骨**を意識して、美姿勢を手に入れる

# 美しいウォーキングで品格アップ

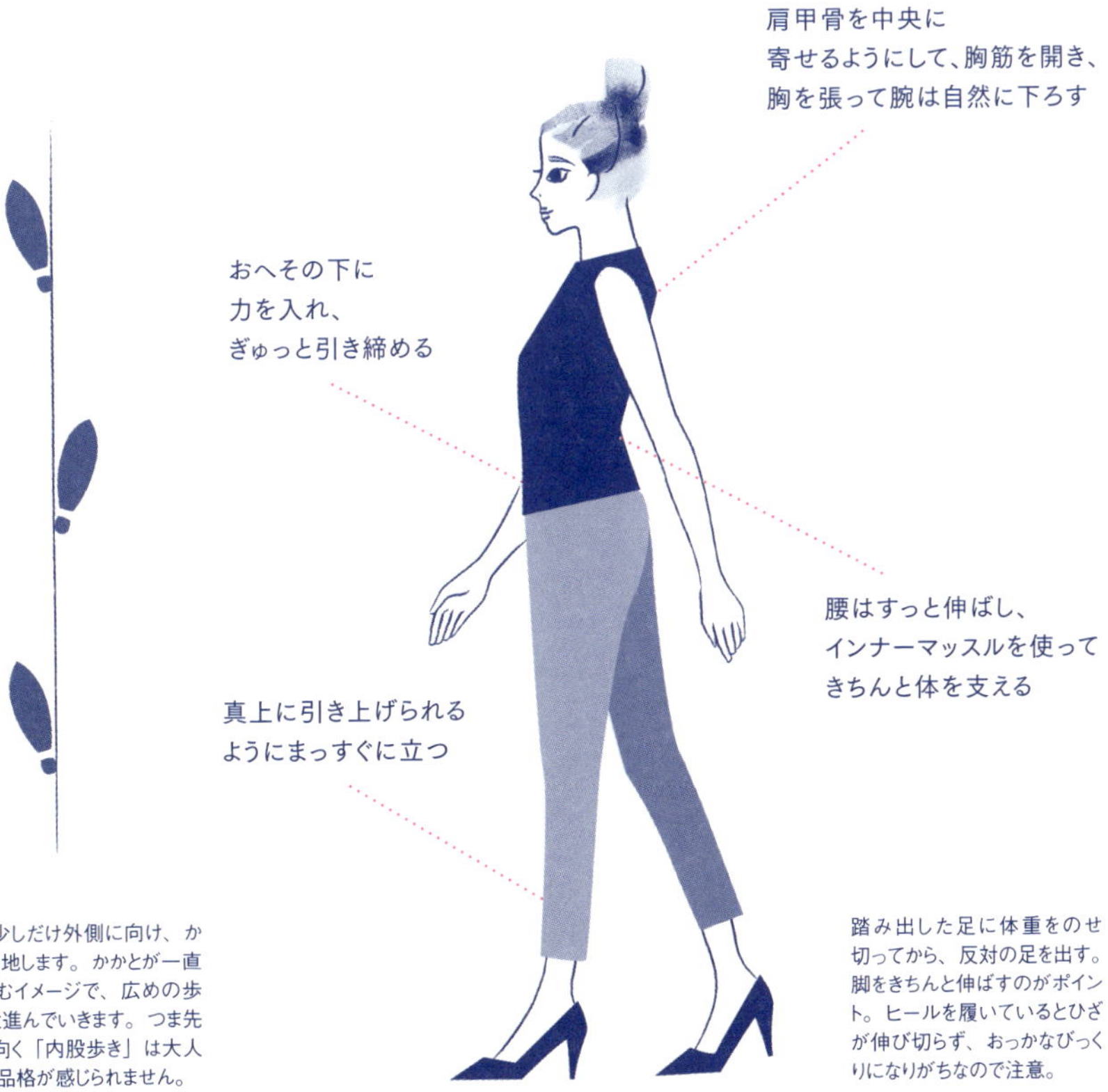
肩甲骨を中央に
寄せるようにして、胸筋を開き、
胸を張って腕は自然に下ろす
おへその下に
力を入れ、
ぎゅっと引き締める
腰はすっと伸ばし、
インナーマッスルを使って
きちんと体を支える
真上に引き上げられる
ようにまっすぐに立つ

つま先は少しだけ外側に向け、かかとから着地します。かかとが一直線上を進むイメージで、広めの歩幅ですっと進んでいきます。つま先が内側を向く「内股歩き」は大人の女性の品格が感じられません。

踏み出した足に体重をのせ切ってから、反対の足を出す。脚をきちんと伸ばすのがポイント。ヒールを履いているとひざが伸び切らず、おっかなびっくりになりがちなので注意。

## 人の印象は会ってすぐに決まる 美しい歩き姿は生き方の象徴

人の第一印象は、会って7秒で約5割が決まるといわれています。しかもその印象は、およそ半年間に渡って影響を与えるのだとか。見た目は人の印象を大きく左右するので、私は姿勢、所作、表情、歩き方を大切に考え、ウォーキングや所作の講演、指導をしています。

特に歩くという動作は日常的に行っていて、遠くからでも見え、心に残りやすいもの。胸を張って前を見て、筋肉を使ってすっと前進するように歩いていると、自信にあふれ、前向きで、そして力強く生きているように見えるのです。

ポイントは肩甲骨をしっかりと動かして寄せるようにし、胸を張って視線を上げる姿勢を保つこと。こうすると自然に頭が真上に引き上げられ、猫背にならず、しっかりと呼吸をしている、心身ともに健やかな人に見えます。

それだけでなく、腹筋、背筋をバランスよく使うのでインナーマッスルが鍛えられ、力強い健康なイメージを与えることができます。

美しい歩き方はその人自身をランクアップしてくれます。

# 朝は白湯でリフレッシュ、パートナーとのいい時間も

- **朝一番の白湯**ですっきりと目覚めることですてきな一日のスタートをきる
- パートナーとの**グッドコミュニケーション**がその日をよい日にしてくれる
- **起きる時間**、**眠る時間**を知らせ合うことが大切。どんなにすれ違いでもおはようとおやすみを

# アン ミカ流！ 朝のおすすめ習慣

## 朝の白湯の習慣に！

朝、眠っている体を目覚めさせてくれる白湯の習慣。その日によってレモンを絞ったり、ココナッツオイルを垂らしたり、シナモンで香りをつけることも。

## 体を伸ばしてしなやかにする三角のポーズ

体をゆったりと伸ばすヨガのポーズの一つ。体側を伸ばし、肩甲骨の動きをよくする効果もあるんです。

## 朝は二人にとっての一番大事な時間

忙しいからこそ、朝の時間はもっとも大切にしています。私たち夫婦はお互いに出張が多く、すれ違いがちなので、朝は一緒に過ごせる大事なひととき。毎日、絶対に目覚めたらまずハグするんですよ！

夫婦のコミュニケーションでとても大事にしているのが、「行ってらっしゃい、おかえり、おやすみ、お疲れ様」ときちんと声に出して言うことです。どちらかが遅く帰るときは、メールでもいいから、「おやすみなさい、がんばってね！ 明日は何時に起きる？」と連絡する習慣。翌朝は相手の睡眠を妨げないように心がけ、目覚めたら、気持ちよく一緒に過ごす。些細なことですけど、生活を共にしていると実感できれば、どんなにすれ違いが多くても、うまくいくと思うのです。

もう一つ大切なのが、目覚め。必ず白湯を飲んで体を目覚めさせます。白湯にはよくレモンを絞ります。クエン酸が疲労対策になる上に、さわやかに目覚めることができるので。シナモンで体を温めたり、ココナッツオイルを垂らしてデトックスすることも。アン ミカ流プラスαのアイデアです。ストレッチや軽いヨガもいいですよ。

# 自分を解放する自由な時間が大切

- 自由な時間をどう過ごすかが**女っぷり**を上げるから日頃から何をしたいか考えておきたい
- とことん自分を甘やかす**オフタイム**がリフレッシュにつながる
- ゆるめる時間、気を流すひとときでこもった緊張を解き放ち、**心身をデトックス**

# 自由な時間の使い方で美人度アップ!

### やりたいことを見つけたらメモ!

電車にの中吊り広告や、雑誌の記事で「あ、これおもしろそう、やってみたい」と思ったら、書き留めておくのがポイント。メモしておかないと、いざ時間ができたときに思い出せないものですよね。

### 人と一緒の時間ばかりではダメ

他人と一緒にいるときは無意識に構えているもの。ときには一人の時間を持って、自分をぼーっと解放することが大切。

## 自由な時間をどう過ごすか、自分にとってのゆるめる時間を

オフをどう過ごすかは、忙しい人にとって重要課題。そのためには日頃から、自分にとって何が心地よいのかを分析しておくことが大事です。自分のことって意外とわからない人が多いのでは？　だからこそ普段から、過ごしたい時間を思い描いておきたいですね。電車の中吊りで見たすてきな場所、雑誌の記事に出ていた習い事などを、必ずメモしておいてください。

そして、いざ時間が空いたら、やりたかったことをやる、行きたかった土地に行く、読みたかった本を読む……。好きな香りに包まれて過ごすのも、何にもしないで過ごすのでもいいんです。どう過ごしたいかは人によって違います。自分を解放して甘やかすことが一番大切だと思います。

忙しい人に限って休みに熱が出るという話をよく聞きますが、私も昔そうでした。これ実はとても大事なんです。それだけ緊張していたということ。「気滞」とも言いますが、気が滞っていて熱がこもっている状態なんですね。それがゆるんで外に出てきているので一回出し切ってあげたほうがいい。何もせず、寝ているのも大切なこと。体はそうやってバランスをとるものなのです。

# プロフェッショナルな姿勢をもとう

- 自分に求められている**役割**を把握して
さりげなく全うする力をもつ

- **チームワーク**であることを忘れず
人を支配しようとしない。迷惑をかけない

- やらされていると思うのではなく、
**相手の喜ぶ顔が見たい**と考える

## アン ミカの「5つの幸せの選択力」

1. 自分を知る
2. ワクワクするほうを選ぶ
3. 人を支配しようと思わない
4. 自分に起こることを信頼する
5. 人の役に立つことをする

人の言葉に耳を傾ける、聞き上手になる、相手の役に立てるように考えることが、公私ともによい人間関係を築く基本です。

トラブルや思いがけない事態に直面しても、冷静に全力を尽くせるのがプロフェッショナル。原因の追求より最善を尽くせる人を他人は評価するものです。

### 幸せの選択力に通じる プロとしてのあり方

「プロってなんだと思いますか？」と聞かれることがありますが、思い浮かぶのが、NHKのアシスタント時代に出会ったアナウンサーの葛西聖司さん。まず、生放送中に、災害などの緊急ニュースが入ってきたときの瞬発力。どんな状況でも対応してまとめる適応力。しかもさらっと対応される姿に感動しました。

もう一つは、ミスをしそうな人へのさりげないフォローが絶妙なこと。極めつきは、どんなに怒っている人の心も溶かしてしまう話術、心の掌握術でした。

私が「5つの幸せの選択力」と言っている言葉があります。これがそのままプロフェッショナルの流儀ではと気づきました。〝自分の役割を知り、ワクワクする展開になるように運ぶ〟〝チームで仕事をしていることを忘れない〟〝目の前のことを信じる〟そして〝誰かの役に立ちたいと思って向き合う〟ことが重要なんです。

誰もが思い通りの職業につけるわけではないけれど、お茶を出す仕事だって、おいしいお茶を喜んでほしいと思えばワクワクできるはず。今の仕事は次のステップへの勉強だと思えることも大切です。

# 幸せオーラを放つ言葉の選び方

- 事実をはっきりと伝えるときでも**ポジティブな言葉**を選んで話す
- ノーをたくさん言う女は幸せになれない。遠慮より**感謝**がいい関係を作ってくれる
- 「すいません」を「ありがとう」に置き換えるだけ！**言霊**を味方にして自分も相手もハッピー

# 遠慮のノーより、感謝のありがとうを

例えば男性が、重い荷物を持っている女性に「お持ちしましょうか?」と申し出てくれたとき、日本の女性がよくやってしまうのが右下の対応。でも、感謝のありがとうで、双方幸せになることを忘れないで。

気づいて申し出てくれたことに感謝し、にっこりとありがとうと言えるのが言葉美人です。女性を手助けしていることで男性の印象もアップ。双方が幸せな気持ちになれますね。

男性の親切に対して過剰な遠慮してしまうと、せっかくの善意を拒否しているだけでなく、周囲から見れば、重いものを女性に持たせている男性という悪い印象さえ与えてしまう。

## よいエネルギーを持つ言葉で自然に話すのが大人エレガンス

私は言葉をとても大切にしています。「言霊」というように、心のエネルギーがやどると信じているんです。

私はオーラソーマを学んだときに、ネガティブな言葉を一切使わずに人の相談にのるトレーニングを受けました。そこで覚えたのが同じことを伝える場合でも、言葉次第だということです。例えば「そんなことに執着してもいいことなんか何にもないはず」と言うと、ネガティブワードが2つも入っている。けれど、「思い出はきれいに手放してすてきなことに手を伸ばせば幸せになるわ」と言えばポジティブワードが3つも。どちらもきれいごとではなく、はっきりと事実をアドバイスしているのに全く印象が違います。

もっと簡単なのは、「すいません」をやめて「ありがとう」と言うことです。私のダンナさまは「荷物を持ちましょうか?」「手伝いましょうか?」と申し出て「いえいえ、いいです!」とかたくなに遠慮されるととても違和感があると言います。甘え方を知らない? と。素直に「ありがとう」と言えば、みんなハッピーになれる! すぐにもできる開運法ですね。

# 母がくれた大切な4つの魔法

- 本当に美人と呼べるのは**一緒にいて心地いい人**。所作が美しく、人をくつろがせ、幸せに感じさせる
- 姿勢よく、口角を上げ、目を見て話し、話を聞く……この4つで誰でも**所作美人**になれる
- 母が私に残してくれた**魔法のことば**は私にとっての人生最高の宝物

# アン ミカの宝物、母のくれた4つの魔法

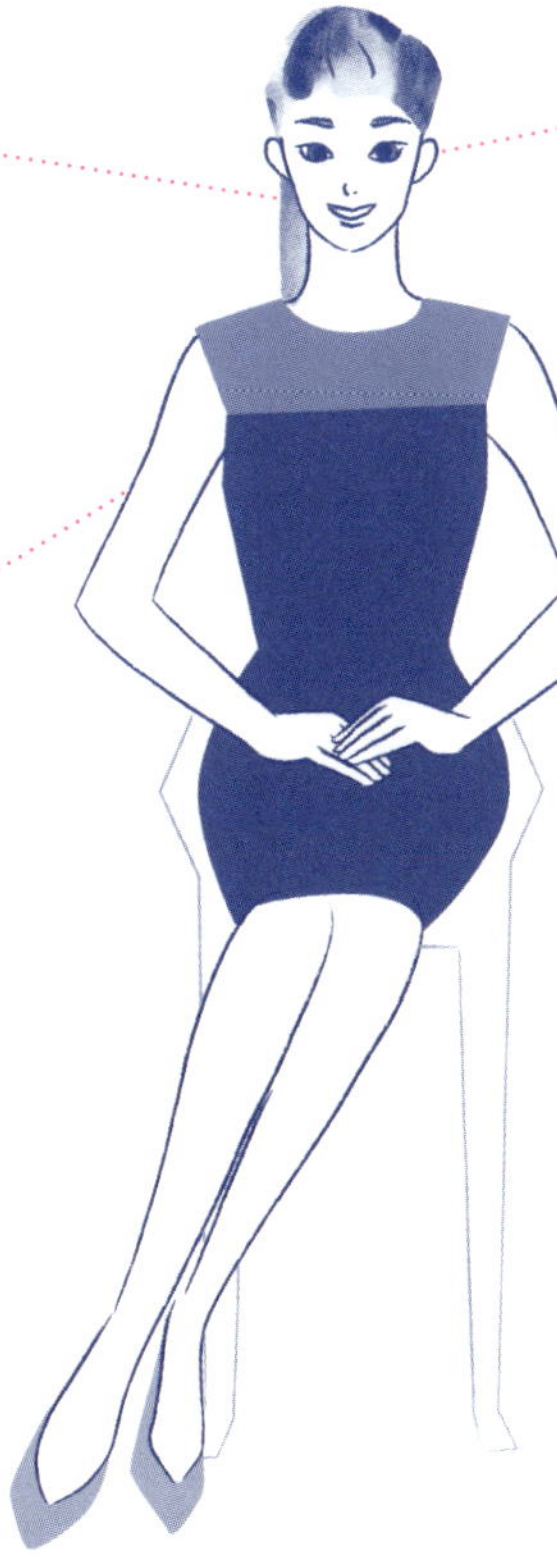

**口角を上げる**

笑顔でいるということです。普段から口角を上げて微笑んでいるような表情でいると、お互いに笑顔になり、穏やかな雰囲気を醸し出すことができます。

**相手の目を見て話す**

心から相手の言葉に耳を傾けている、真剣に聞いていることを伝えるためにも目を見て話す事が大切です。P.140の目線のハウツーも参考に。

**人の話を聞く**

自分のことを話すだけでなく、相手の話を聞くことはとても大切。相づちを打ち、うなずくことがさらに美人度を上げげます。

**姿勢をよくする**

歩き方でも書きましたが、立っていても座っていても、よい姿勢でいることはすがすがしい印象の基本です。背筋を伸ばし、あごを引いて、全身に神経を行き届かせます。

## 一緒にいて心地いい人になる 4つの魔法が宝物

まだ私が小さかった頃に、コンプレックスが多くて引っ込み思案だった私に今は亡き母がくり返し話してくれたことはずっと私を支えてくれています。

「母がくれた4つの魔法」と呼んでずっと大切に守ってきているのですが、それは、「姿勢をよくする、口角を上げる、相手の目を見て話す、人の話を聞く」ということ。

それぞれ、意味があり、そしてすべてが一緒にいる人を心地よくさせる振る舞いだったのです。私はずっとこの言葉を胸に歩いてきました。貧乏だけど夢を追いかけていた頃、チャンスが訪れて新しいことに挑んでいた頃、東京に出てきて、人の前に立つことが増えた頃、そして愛するダンナ様に出会った頃、もちろん今も。

努力もしましたし、運もよかったと思っています。でも一番大きいのは、この4つの魔法を忘れなかったから。たくさんの人に支えられてきたのは、私と一緒にいると心地いいと思ってくださったことが少なからずあるのではと思っています。

私が母からもらった魔法の言葉を今度はあなたに贈りたい、そう思っています。

# 笑顔は運を招く最高のお守り

- **笑顔を作る筋肉**を動かすと脳を刺激して
ネガティブエネルギーをはね返すパワーを生む

- 笑いは邪を払い、運を招く**最高の魔よけ**！
笑顔で自分も周囲も幸せにして

- 大人になっても**愛嬌がある人**と言われたい。
好感をもたれることは大いなる美人力

# 笑顔は好感をもたれる最高の資質

### 笑いがポジティブなエネルギーを

笑いはポジティブなエネルギーを生み、さらに周囲に広がる力も。友達といるときはもちろん、職場でも、夫婦でも、家族でも、誰かが笑っていると笑顔が伝播していきます。

### 笑顔上手に年齢は関係なし

笑顔に年齢は関係ありません。60歳を過ぎても商店街の看板娘と呼ばれるすてきな女性も。一生いっぱい笑っていたらいっぱい幸せでいられるはずです。

### 笑うことは最大のパワー

何にでも笑って対応できるのは女性の最大の魅力。楽しいことはもちろん、ツッコミにも、挨拶にも笑顔のスパイスをプラスすれば、なんだか美人に見えてくるものです。

## 笑顔は周囲の人を幸せにし、邪を払う最高のお守り

笑顔が大事なことはだれでも知っていますが、私は想像以上に人の運勢を左右することだと思っています。子供の頃、特に美人ではないのに、いつもニコニコしていてとてもモテた子っていませんでしたか？　逆にすごくきれいなのに、女子にも男子にも人気のない子もいましたよね。今になって考えると、笑顔の多さが理由だったのでは、と思うのです。

これ、大人になっても同じなんです。いつも笑っていて、ちょっと突っ込まれても笑顔で切り返せる人は美人度が高い。逆に、些細なことで怒ったり、器が小さい「地雷の多い人」って近づきたくないでしょう？

愛嬌や茶目っ気がある人の周りには、人がたくさん集まってきます。運や幸せは人が運んでくるものなので、人が近づかない人には幸運もチャンスも運び込まれないのです。笑顔をケチることは、百害あって一利なしだと言えますね（笑）。

さらに、笑顔の筋肉は脳にとても近いから笑い脳になり、負のエネルギーが近づけなくなるという報告もあるんです。笑顔は最大の魔よけ、最高のお守りなので、いっぱい笑って暮らしましょう！

# 会話を成功に導く四季の話題

- 季節やニュース、身の回りのできごとに常に**アンテナ**を張って会話の持ち札に
- よい関係を築くことができる穏やかな会話は**季節の話題**をふくらませていくのがベスト
- **会話のキャッチボール**で盛り上がれるキーワードを、たくさん持っているのが大人の女性

# オフィシャルな相手には踏み込まない会話がいい

## プライベートな話題は親しい人だけに

家族のことなど、個人的なことを質問したり、人の事を話題にするのはかなり親しい間柄でもむずかしいもの。軽い気持ちの質問でも、相手は聞かれたくない場合も。

## 季節の移ろいは最良の話題

四季のある日本では、季節の話はとても便利。話の糸口になりやすいし、答えにくい話題にならないのがいいのです。四季を意識して暮らしていれば、会話美人に。

## 親しい友達以外の人とは当たり障りのない楽しい話題を

大人になると、それほど親しくない人と話をすることがあります。例えば、職場の上司や取引先の人と一緒の待ち時間。沈黙は気まずいけれど、何を話せばいいのか迷ったとき、つい、家族のことを尋ねたり、共通の知人を話題にしたりしがちですが、これはタブー。人には聞かれたくないこと、話したくないことがあるものです。

**間をもたせるのにおすすめなのが季節の話**です。「夏の香りがしますね」「いつまでもせみが鳴いていますね」など、あいづちを打ちやすい話題を持ちかけるのです。そのためには目に入る景色を言葉にする練習をしておくといい。昔ながらの時候の挨拶も参考になります。

話が弾めば、温暖化や大気汚染などの話で盛り上がるかもしれません。そのために、**新聞やニュースをこまめにチェックして、会話のキャッチボールができるように手持ちの札をたくさん用意**していると大人の知性が感じられます。

「今日は何の日」「晴れ女のいわれ」など、だれもが興味を持ちそうな「害のない話題」をストックし、さりげなく会話の幅を広げることを心がけてください。

# 目の表情で好感度アップ

**目線を縦に動かす**のが感じの良さのポイント。横に動かすと、生意気でうわの空な印象に

視線だけ、顔だけを動かさないで、**体ごと相手に向かう**ことが好印象の第一歩

**オープンハートの法則**で、胸に視線を向けると、相手に心を開いている印象に

## 視線を合わせる、はずすの絶妙なタイミング

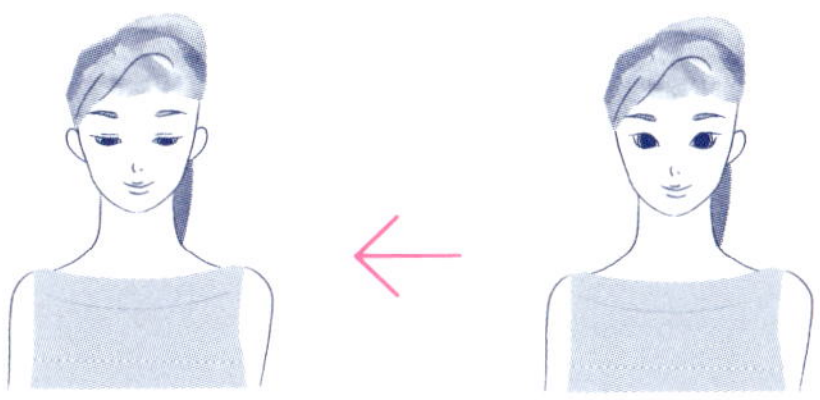

**1**

**きちんと目を見て**

全く目を見ないと心を開いている感じが伝わらないので、きちんと視線を合わせます。5秒以上見つめ続けると緊張が生まれるので、間合いをうまくとりましょう。

**2**

**一度瞬きをして胸を見る**

目線をそらす時は、一度まばたきをすると自然です。心に向き合うように胸のあたりに視線を下げましょう。

## 胸から向き合うのがオープンハートの姿勢

**1**

**後ろから話しかけられたとき**

話しかけられたとき、何かに集中していると、つい声だけで返事をしてしまいがちですが、話し手に心を向けることが大事。

**2**

**胸から上を相手に向けると心が伝わる**

胸から上を相手に向けると、話を聞こうという姿勢に。受け入れる心が伝わります。

### 人と対峙するときには、視線は縦に動かすとなごやか

心地よい会話のためには、視線も大切な要素です。私は小さい頃臆病で、うまく人の目を見ることができませんでした。そんなときに母から教えられた「目をそらすときには縦のラインで」というルールが今でも役立っています。横にそらすと、生意気で、上の空な印象になってしまうんですね。

目を見て話す、でも5秒以上見つめると緊張感が漂ってしまうので、一度まばたきをして、心の目に語りかけるように胸のあたりに視線を下げる……この縦の動きが会話を自然なものにしてくれます。

胸、つまり心と会話をするような気持ちでというのを私は「オープンハートの法則」と呼んでいるんですけど、相手の目と胸の間をうまく往復する感じですね。

もう一つ大切なのは、目を向けるときに体ごと顔ごと向けるということです。顔を動かさずに、目線だけ向ける人、後ろから話しかけられても振り返らず、顔だけ向ける人、どちらもとても横柄な動きです。

所作で省エネをしないでとよく言うのですが、顔を向け、目を見て相手を認識し、目と胸を往復するように会話をするのが好感度アップのコツです。

# 好感をもたれる話し方のコツ

- 声の出し方や話し方はその人の**印象**を左右する大切な所作の一つと心得たい
- 高いトーンで話し始め、低いトーンで終わる。語尾を下げる話し方で**大人の落ち着き**を
- 速さ、明るさ、抑揚、大きさに変化をつけ、**笑うような気持ち**で話すと好感がもてる

# シチュエーションによって話し方にも変化をつける

### 低めの声で語尾を下げて話すと大人

低めのトーンで落ち着いて話し、語尾を上げないように心がけるだけで、大人の落ち着きが感じられます。声の高さに自信がなければ、ドレミファソの「ソ」音を意識するといいですよ。

### 友達同士なら楽しい気分で

友達同士なら大きなジェスチャーまじりでテンポよく話しても楽しい。でも、オフィシャルなシーンやシチュエーションによっては子供っぽく見えてしまうことも。シーンをわきまえて。

## 話し方は人柄をあらわすので自分の声をきちんと認識する

私、自分の低い声があまり好きではありませんでした。でも2つのきっかけで、自分の声が好きになるように。1つはNHKで番組アシスタントをしていた頃尊敬していたアナウンサーの葛西聖司さんが「あなたの声は落ち着いていてとても聞き取りやすい」と言ってくださったこと。「語尾を上げるクセがもったいないね」というアドバイス付きだったんですけど、とてもうれしかった。

もう一つはテレビや留守電で自分の声を聞いたら、案外やさしい声だと感じたことです。声は自分が聞こえているのとは少し違うので、録音して聞いてみるといいですね。高すぎる？　低すぎる？　と迷ったら、聞き取りやすいと言われる「ソ」の高さを意識してみるといいですよ。

同じ声でも話し方で印象は全く違います。速さ、明るさ、高さ、大きさ、抑揚、〝間〟が大切。少し高めで話し始め、低く終わると落ち着いた品格が感じられます。語尾を伸ばさず、接続詞をはさみ過ぎない、一本調子にならないことも好感の持てる大人の話し方。大切なのは、電話でも笑うように話し、会いたいと思われること。〝笑顔声〟で会話上手を目指しましょう。

# 物事の流れを大切にする

- **社会全体の出来事**や**共通の問題点**を知ることで話題が広がり、未来のために行動できる
- 人の好みやバックグラウンド、出来事を知れば**気まずいアクシデント**を避けることができる
- 社会との関わりから人間関係まで円滑に進めるために**一歩先を読むこと**を心がけて

# 世の中のことを知っておくことが大切

## 相手の情報を収集

個人間でも、情報収集は大切。初めて一緒に食事をするとき、前もって食べられない食材や好みを聞けば、レストランで「食べられない」というアクシデントは起こりません。好みを知っていれば贈り物にも役立つはずです。

## 社会全体の情報収集

どんなことに直面しても最適な対応ができ、未来のこともきちんと意見をもつためには、社会全体のことを知っておくことが重要。新聞やニュースで得られる情報は貴重です。

## あらかじめ知っておくことで物事がスムーズに流れる

物事の流れというとちょっと難しい感じがしますが、社会の中で、日々の中で、アクシデントが起こったり、滞ったりしないためにどうするかというお話です。

社会全体が関わるような大きなことから人と人との一対一のおつき合いまで、ちょっと先を読むことを心がけるのが、ハッピーの元だと思うからです。

社会全体に関わることを最低限知っていれば、会話をスムーズに進めたり、未来のために自分が何をすればいいのか意見を持ったりすることもできます。「こうなったらいい、よくなるためには」と前向きな考えを添えられれば、お互いにもっと掘り下げて話してみたくなる。人とつながりを築くきっかけにもなります。

人と人との間で言えば、初対面の人の最低限のバックグラウンドを知っておく、食事を共にする前に、好き嫌いやアレルギーを聞いておく、好きなもの、最近の出来事など、知ったことは覚えておき、相手が心地よいと感じられるように行動する、そうすることで人間関係が円滑になります。それが物事の流れを読むことで、とても大切なことだと思います。

Chapter

# 4

# 運を引き寄せる女になる

# 心をこめて文字を書く

- プレゼントには短くても**手書きの一言**を添えると
あなたを思っているという気持ちが伝わる
- 名前と住所とよく書く言葉を集中して練習する
**簡単書道教室**もおすすめ
- キレイな文字は大人のたしなみだと心得て、
**墨で書く**ことで心に残るメッセージを

# よく書く文字を毛筆で集中的に

毛筆の文字には人を惹きつける大人のたしなみが感じられます。もらった人のうれしさも倍増します。
美しい大人の女性だからこそ、文字が汚いと幻滅。逆にキレイな字はさすがと思わせる品格が漂います。


## 字は〝体をあらわす〟。キレイな字は大人のたしなみ

P.148の贈り物のところでも書きましたが、ちょっとした直筆のメッセージで誠実な心は伝わるものです。でも、「字が苦手」「うまくかけなくて」という人も多く、手書きが減るのはもったいないなと思っています。私は小学校の授業で書道をとって以来、墨が大好き。そうでない人も、簡単なメッセージが毛筆で描けたらすてきですよね。

そこで私がおすすめしたいのが簡単書道。名前、住所、日常的に書く挨拶だけを、集中的に練習することができるコースです。

例えば結婚式の記帳、贈り物に添える一筆箋、ちょっとした表書きなど、よく書く言葉って決まっていますよね。だから、これだけを毎週とか、月に一回集中的に練習して身につけるのはいかがでしょうか。名前や住所はもちろん、「ありがとう」「おめでとう」「寿」のような、ほんの一言がきれいな毛筆で書いて添えられていたら、うれしいですし、自信になりますよね。自然と書くことが楽しくなり、字が美しくかければ、ますますコミュニケーション上手になれるはずです。

# 贈り物に心を託す

- **お中元**や**お歳暮**など昔から続く贈答のしきたりは
人間関係を浄化する絶好のタイミング

- さりげなく**日々の中で贈る**のが
負担を感じさせずに心に残るプレゼントの作法

- ほんの一言でも**気持ちを一筆添えて**
あなたを心にかけていますと伝えるのがポイント

# 大げさではなくちょっとしたものでOK

## 花や季節のもの

花をもらってうれしくない人はいないはず。季節を感じるような小さなアレンジなどが負担を感じなく持ち運びも便利。

## 小さなお菓子

見た目がかわいいちょっとしたお菓子はさりげなくてすてき。その方の好物を覚えておいてお持ちするのも心を打つ贈り方です。

## 必ず一筆添えて

一筆箋にほんの一言でもいいので、心からの言葉を書き添えると形式ばった印象が消えます。

## 贈答の季節をうまく使って人間関係のブラッシュアップに

最近ではお中元やお歳暮の習慣が減りつつあるけれど、世の中のご挨拶として使われてきたしきたりを上手に利用するのは、人と人とのつながりを見直すいい機会だと前向きにとらえています。

なんとなく疎遠になっている人、ちょっと気まずいなと感じる人に自分を印象づけたり、「気にかけています」というメッセージを送るきっかけになると思うんです。季節の贈答をきっかけにすればさりげなく人間関係が浄化することができるのってすごくすてきなことです。もちろん、普段からお世話になっている方や、離れている方にコンタクトするのにもよい機会。

大げさすぎたり、形式ばった印象では逆効果なこともあるので、気持ちを込めて、必ず一言、心からの言葉を添えるのがポイントです。その方の好きなものをちょっぴりお渡しすれば、「覚えていてくれた」「心にかけてくれている」と伝わり、お互いにうれしいものです。

そういうことがさりげなくできる人はすてきだな……と思います。私も季節になるとお目にかかったときにお渡ししようと、準備することを楽しんでいます。

# プレゼント上手になるには

- 相手の好みを覚え、バックグラウンドなどを把握し、**喜ばれるもの**を考えるのがポイント
- **昔ながらのいいもの**と**今を感じるおしゃれなもの**臨機応変に選ぶことで背景まで楽しみたい
- ちょっと手の出せない**小さな贅沢**を贈るのが、プレゼントの醍醐味、欲しかったと思ってもらう

# 小さな贅沢品、トレンドがうれしいものなど

### 自分ではちょっと手が出せないもの

上質なコットンのイニシャル入りハンカチや、肌触りのいいリネン、品質の高いタオルなど、普段使いの品だけれど、自分では躊躇するようなプチ贅沢な品を贈られるとうれしいもの。シンプルで品のいいものを選ぶには自分にとって定番のお店を決めておくのも手。

### 流行りのスイーツや人気のグルメ

人気急上昇のショコラや和菓子、新進気鋭のシェフのお持ち帰りグルメなど、今流行りの品を贈るのも話題性があって楽しいものを、人気の理由や付加価値をお伝えしつつ送るとさらに楽しいコミュニケーションに。

## プレゼント選びの極意は 相手が喜ぶものを考えること

プレゼント選びで大事なのは、相手のことを知ることです。家族は？　好きなものは？　とリサーチしておけば、心から喜ばれるものを贈ることができます。高級品を頂いても、「うーん、どうしよう」と思われるのでは残念ですから。

古くから伝わるいいものを贈るか、トレンドの話題を提供するかもケースバイケースです。老舗の品はきちんとしていて、品格を重んじるおつき合いに向いています。でも、評判のスイーツなどは「私が頂いておいしかったから食べてほしくて」とか、「今すごい人気らしいですよ」など、コミュニケーションツールの役割を果たしてくれます。体験をおすそわけしたり、付加価値を話すのは、喜びが伝えられて自分もうれしいし、相手の方が喜んでくださったら双方ハッピーです。

最後に、これは私流の贈り物流儀なんですが、普段使いだけれど、ちょっと手の出ない良質な物を選んでいます。上等なイニシャル入りハンカチ、最上級のタオルなど、自分で買うのは勇気がいるけれど、いただいたらすごくうれしい、そんなプレゼントのために定番のいいお店も決めています。

# 香りから体の声を聞く

- よい香りは**深い呼吸**を促すので副交感神経が優位になり、リラックスへといざなう
- 今、自分が快いと感じる香りを知ることは**体の声**を聞くための最適な手段
- 欲する香りを活用し、足りないエネルギーを補えば暮らしの中で**セルフトリートメント**できる

## 香りのもつ意味を知ることで癒しに活用

### 根のもの

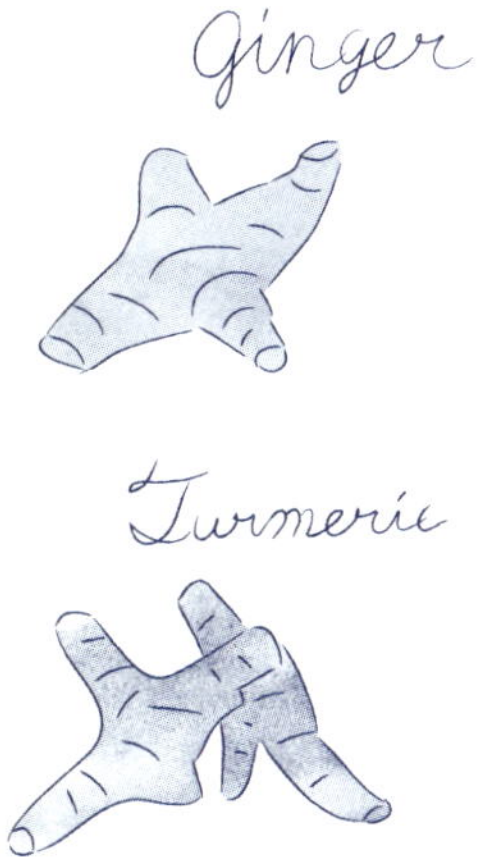


**土の中に伸びる植物は温めの象徴**

土の中に伸びる植物は温め流効果があるとされ、こうした植物の香りが心地いいときは冷えているのかもしれません。

### 葉系

**葉には消毒、茎には循環が関係**

葉からとれるすっきりした香りはすべて消毒を意味し、デトックスが必要なときに快いと感じると言われます。茎は循環を意味し、茎が含まれる香りが心地よいときには、循環系にトラブルがあるかも。

### 花びら系

**花の香りはホルモンのバランス**

花の甘い香りはホルモン系と関連が。ホルモン不足や子宮や卵巣が疲労すると花の甘い香りがかぎたくなるとされています。

## 生命をつかさどる脳からの声を教えてくれるのが香りの効能

香りの一番の特徴は、脳の中でも命に関わる深い部分と関係していることです。原始の脳に働きかけるんです。嗅覚からは「腐っているから食べたら危険」という、もっとも基本的な情報を得ることができます。生命をつかさどる脳にダイレクトに働きかける力を生かさない手はありません。

香りにはそれぞれ意味があり、大きな分類体系もあります。例えば花の甘い香りはホルモン系と密接に関係し、葉には消毒、つまりデトックスの意味があります。茎は循環をつかさどり、根は温めるものです。「いい香りだ」と感じるのは、その香りが関わる部分が弱っていたり、トラブルが起きている可能性があるということで、香りから体の声を聞くことができるわけです。

香りは癒しに利用することができますが、一歩踏み込んで、「今ここの香りが快いということは……」と、体との対話に活用することでさらに世界が広がります。

人はいい香りに包まれると、思い切り吸い込みたくなり、これが深い呼吸につながります。深い呼吸は副交感神経を優位にして緊張をほぐし、ゆったりとリラックスできます。これも大きな効用です。

# 占いを味方につける

- 腑に落ちない人間関係は**星**を見ればわかる。納得することで人間関係が改善できる
- **太陽星座**は本質的な性質や運命をあらわし、**月星座**は感情や気分、生き方をあらわす裏星座
- 占いは前に進む**自分の肩を押してくれるもの**。許せないこと、悩むことの解決に使う

# 持って生まれた運をあらわす太陽星座と潜在意識を示す月星座

## 太陽星座は人生の大きな方向性や運命を示す

太陽星座の配置によって持って生まれた運命や方向が示されます。家庭環境や職業、恋愛、結婚や、生き方などはこの星座によってわかることが多いものです。

## 月星座は感情や潜在意識、日々のことを示す

月の星の関係で日々の運気を示すのが月星座。感情、潜在意識、身近な出来事などの判断に向きます。大人になるほど月星座の影響を強く受けるようになるものです。

## 太陽星座と月星座の占星術を使い分け

昔、どうしてこの人とこの人たちは相性が悪いんだろうなどと不思議に思うことがよくあったのですが、占星術を知ったらその謎がするりとけました。この星とこの星はうまくいかない、この星座の人だからこんな感じなんだと思うことで、受け入れられるようになったんです。占いの効用は、世の中のいろんな摩擦に理由を見つけ、自分の気持ちを平静に保つことができることです。

以前は太陽と星の関係で示される太陽占星術が主流でした。生まれたときの星の配置で、人生や運命などの大きな部分を知ることができます。最近注目を集めているのが月星座。月と星座の関係で見る占星術で、性格や潜在意識などを見ることができる占星術です。月星座のくわしい見方は専門の本やネットに出ています。私たちの運勢は、生まれ持った大きな流れ以外にも、身近な月の力でもゆらめいていることを知っておくといいですね。

一つ大切なのは占いに依存したり、言い訳に使わないこと。アンテナとしてポジティブに活用し、前に進むために自分の肩を押すためのツールと心得て。

# 吉《きっ》方《ぽう》位《い》を味方につける

## 万物のエネルギーを示す五行に基づく吉方位。今の自分と**相性のいい方位**を運気アップに利用

### 吉方位に足を運んで運を変えていく

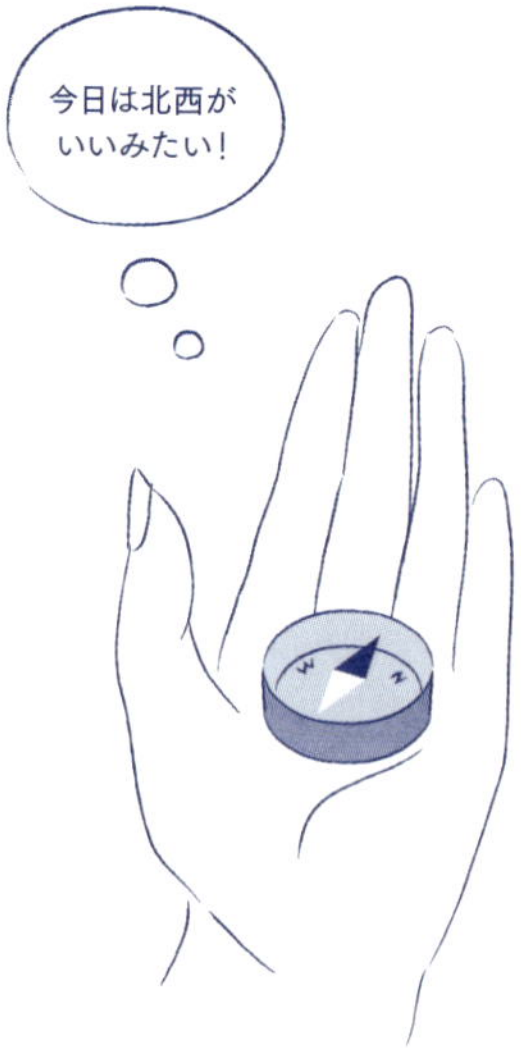


今の自分と相性のいい方位が吉方位。足を運ぶと気の流れを変えたり、エネルギーをもらうことができます。いい土地に身を置くすがすがしさが運気を上げ、悪い流れを断ち切り、良い流れはさらに好転。

### 万物は五行に分けられる。自分に合う土地で癒される

万物は木・火・土・金・水の5つに分類され、それぞれに特徴や相性があるとされています。東洋の思想では、これを五行といい、今の自分の気の状態と相性のいい土地に足を運び、悪い運気を落としたり、よいエネルギーを受け取ったりできるというのが吉方位の考え方です。

私は、古来から大事にされてきたこういう考え方には真実があると思っています。だから、自分の気持ちを切り替えたいときや旅に出かけるときには吉方位を選ぶようにしています。

方位に振り回されてしまうのは違うと思うけれど、いい方位に出かけるという行動で、自分の気持ちを前に向け、リセットすることができます。

そしてそこで感じる心地よいという気持ちを、例えば友達にメールで伝えることで、よい気をシェアすれば、人間関係もよくなる……そんな風に吉方位を使えたらいいですね。

# 知らない場所に足を運ぶ

ちょっと無理をしてでも
新しい場所に行くと思いがけない
出会いや運をつかむことができる

旅でも店でも
新しい場所に

知らない土地に旅することから、いつもと違う道を歩くこと、知らないお店に入ってみることまで何か新しいことをしてみると新世界が開けます。小さなチャレンジが大きな転機になることも。

## 別の世界を見てみる好奇心が出会いや運命を運んでくる

幸運や願いはただ待っているだけではかないません。誓いを立て、努力をし、何か動いてみることが必須です。じっとしている人に運のほうから近づいてくることはないんです。

吉方位にある初めての土地に旅をする、知らない人が多い集まりに参加してみる、そんなことで新しい運が降りてくることも。ちょっと無理してでも、出かけてみると思いがけないことに出会えたりするんです。私はそうやって足を運んだ習い事やパーティーでたくさんの素敵な人に出会いました。

実はダンナさまに巡り合ったのも、あまり気乗りがしない集まりに出席してからなのですよ。

旅やパーティーだけではなく、いつもと違う道を歩いてみる、新しくできたカフェに入ってみるなど、小さなことから始めても。興味を持って動いてみると、きっと何かよい流れを見つけられます。

# 月の力を活用する

- **新月**には「始まり」、**満月**には「達成」の意味がある。新月に祈願し、満月に振り返るといい

- **月の満ち欠け**はさまざまな影響を及ぼすので、体調から生き方にまでうまく生かそう

- 夜空の深い青色は**おでこのチャクラの色**。潜在意識に刷り込み、自分をコントロールできる

# 新月と満月を自分の見つめ直しに使う

## 新月

エレガントな
女性になりたいな

### 新月は始まりの日なので 願い事に最適

新月はスタートを意味し、これから満月へと満ちていく日。願い事をしたり、決意を新たにするのに最適。暗い夜空に向かって願望を述べれば、潜在意識にしっかりと刷り込まれます。

## 満月

何が
足りなかったかな

### 満月の夜は 自分を振り返る

満月は月が満ち切った状態で、達成や浄化のエネルギーが高まります。これまでの２週間の自分を振り返り、達成したことは手放し、不要なことを整理するのに向いています。

### 満月と新月は対極の日。願望と振り返りのサイクルに

月星座というものを知り、月に興味が湧きました。月の満ち欠けは引力にも影響し、潮の満ち引きはもちろん、女性の体の変化にまで影響を及ぼすと言われています。満ち欠けの折り返し地点である満月と新月は大きな力で私たちを動かします。

満月は成就や達成のエネルギーがあり、到達点としてこれまでの努力や行動を振り返るのに適した時期です。達成できたことは解放してリセット。お財布やバッグの中を整理するのに満月の日が適しているのはそのためです。新月は始まりを意味する時期で、願い事をしたり何かを始めるのに適しています。強く願って運気を引き寄せる時間をもつといいですね。

また、月を見上げることでもパワーが生まれます。夜空の濃いブルーはおでこのあたりのチャクラの色。潜在意識に働きかける色なので、夜空を見上げて願ったり、自分を省みて不要なものを解き放つと、潜在意識に刷り込まれます。2週間サイクルで目標を立ててそれを見直す習慣で、自らを省みること自体にも価値があります。月の満ち欠けには他にもさまざまな力があるので、月を味方につけましょう。

# 瞑想で自分を解放する

- 瞑想の基本はいい呼吸法で**自律神経**を整え、緊張やストレスから解放されること
- 鼻からゆっくり吸って、脳の奥、指先まで届け、**肺から出し切る呼吸**で体をゆるめる
- 一日に数回、短時間でも**習慣にする**ことで、夜までの時間をうまくのり切ることができる

# 煩悩を解き放つ瞑想のコツ

### 目

半目に近い感じで軽く閉じます。ぎゅっとつぶったり、完全に閉じてしまうと眠くなってしまうので、少し下向きに薄く閉じる感じで。

### 息

ゆっくりと鼻から、指先や脳の隅々まで届けるように吸い込む。思い切り吸ったら、口から糸を吐くように、完全に吐き切る。こうすると自然とまた、鼻からたくさん吸い込むことができる。

### 脚

尾てい骨を立てるような気持ちで座り、左右の脚をももにのせる結跏趺坐という座禅を組むような形で座る。両脚ではつらい場合、片脚だけをのせる半跏趺坐でもだいじょうぶです。

### 手

手のひらを上向きに脚の上で組み、両手の親指を自然と合わせるように組む法界定印という形にすると、宇宙から降り注ぐ幸せや運を受け止められます。

## 深い呼吸で心を無にするとき自律神経のバランスが整う

現代の生活では前かがみにスマホを見たり、ストレスや緊張が多く、呼吸が浅くなりがちです。これでは次第に自律神経がアンバランスになってしまいます。パニックや過呼吸などは、無意識にできるはずの呼吸ができない状態で、そこまで追い詰められているということです。

こんな状態を解き放つのが瞑想です。いい瞑想はいい呼吸が基本。鼻から大きく息を吸い込み全身に行き渡らせ、口からしっかりと吐き切る深い呼吸で頭を空っぽにすると、今、抱えている、かたくなな心が解き放たれます。体をゆるめることで、人を受け入れられる状態に戻り、生かされていると感じ、器を広げる準備ができるのです。

幸せやよい運は天から降り注いでくるのが宇宙の法則です。ぎゅっと握った手では幸運をキャッチできません。エネルギーを受け止められる、緊張のとけた状態に戻す最善の方法が瞑想です。

一日に数回、例えば午後の3時、夕方などに行えばもう少しがんばれる。寝る前もとても大事だと思います。瞑想ですべてを解放して眠りにつくと、夢も見にくく、ぐっすり休むことができます。

# お参りで神様に決心を伝える

- お願い事は神頼みではダメ。**自分の志すこと**を神様に聞いていただくと心得て
- 叶えてくださいではなく、こうなりたいから努力しますという**決心**を聞いていただくことが大切
- 結果をきちんと**報告**する礼を尽くすのが、お礼参りの本来の意味

# お参りは神様への報告

目標に向かって
がんばりますので
応援してください

## 叶えてくださいではなく、進む道を報告する

叶うという字は口に十と書くように、何度も決意を口にする事がとても大切だと思っています。こじつけではなく、志になるというのでしょうか。夢を話している人には可能性を感じませんか？

この延長にお参りがあると思います。最近はお参りに行く人が増えていますが、神社やお寺などは、よい気が流れていて心が引き締まり、訪れるだけで気持ちがいい場所です。大いなるものに包まれ、生かされていると感じ、謙虚になれ、自然と気が澄むというのでしょうか。だからこそ、きちんとお参りをしてくださいね。

頼みごとだけするのではなく、まず、こんなに気持ちのいい場所に来られたことに感謝し、名前や住所を名乗って自分が何者かを伝え、願いや決意を誓います。夢を伝え、叶えるために努力をするので力を貸してくださいとお願いしてみて下さい。

願いが叶ったら必ずお礼に伺い、感謝を伝えることも忘れずに。神様は物言わぬ存在ですが、頼むだけ頼んで叶ってもそのままでは失礼です。「お陰で願いが叶いました、ありがとうございます」と報告に伺うところまでがお参りです。

# お清めグッズで浄化とリセット

- 自分を**浄化できるアイテム**を味方につければ気持ちや体がリセットできる
- **塩**、**塗香《ずこう》**、**アロマオイル**がお清め三種の神器。持ち歩いて外出先や旅先でも活用
- お清めグッズによって得られる**清浄な気**は周囲の人に対する**心づかい**でもある

# アン ミカ流お清め3点セット

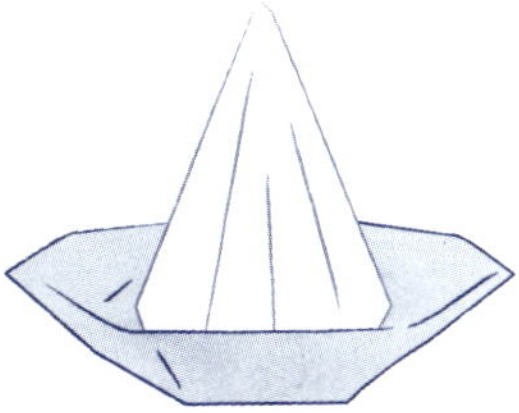

**塩は浄化の強い味方**

昔から塩は魔よけや浄化に使われるもので、清める力は絶大です。私は吉方位に旅したときに塩を買ってくることもよくあります。盛り塩はもちろん、ちょっと振ったり、疲れたときにお風呂に入れたりもします。

**塗香は汚れを除く粉末の香**

仏像や修行者が体に塗って汚れを払うために、香を粉末にしたものを塗るのが塗香。携帯しやすい容器に入った塗香を持ち歩き、神聖な場に入る前に身を清めるために使ったりもします。

**アロマオイルはリフレッシュに**

疲れたときのリフレッシュや、ちょっとニオイが気になるときに鼻の下に塗ったりなど、なにかと便利なアロマオイルも持ち歩いています。好きな香りでどこでも簡単に自分ケアができます。

## お清めグッズを味方につけて現代社会をうまく乗り切る

お清めというと宗教っぽいと思うかもしれませんが、昔から伝わる邪気の払い方、暮らしの中のリセットです。不浄なものをきれいに落とし、自分が心地よく感じるだけでなく、神聖な場に足を踏み入れるときに、目に見えない聖なる世界に対しての礼儀として活用することもあります。

一般的で、私もよく活用しているのが塩。盛り塩の習慣や、塩を撒くという言葉からもわかるように、塩は清めるアイテムとしておなじみのもの。少量持ち歩いて外出先でも使ったりします。お風呂に入れたり、部屋の浄化にも愛用しています。

あまりなじみがないかもしれませんが、塗香もおすすめです。塗香は仏教では汚れを払うとされる香の粉末ですが、体のあらゆる部分に通じる道とされる薬指の下にちょっとつけてすり込み、胸の前で香りをかぐことで全身が清められます。

アロマオイルも必ず持ち歩いています。疲れたときに首すじに塗ったり、ストレスを感じたときに呼吸を深くしてくれる効果が。トイレに1滴垂らすのは後の人への心遣いでもあります。お清めグッズでのリフレッシュは現代生活の秘策です。

# 募金やチャリティー、感謝の気持ちで徳を積む

## 今自分が生かされていることへの感謝をさまざまな形で返していくのが魂の法則

自分にできる形で
社会に返していく

自分が元気に生かされていることを感謝し、社会に返していくことが大切。募金やチャリティーはできる人ができる範囲ですればいい。笑顔や感謝の言葉もまた社会への還元です。

### 社会は平等ではないけれど回向の心で向き合って

募金やチャリティーには、できるだけ参加するようにしています。世の中は平等じゃないし、生まれてくる場所や家庭は選べない。理不尽なことも多いのが現実です。今、私は生かされて元気で仕事ができています。それは先祖が積み上げてくれた徳のおかげだと思うのです。でもそれを使い果たすだけじゃダメ。自分にできる形で徳を積んでいくことも大切です。

お金で貢献できる人はそのように、それが無理ならボランティアや社会活動をするなど、行動で役に立つのも一つの方法です。笑顔や感謝の言葉で人を幸せにするのも立派な徳の積み方。「廻向」という仏教用語は徳の循環をあらわします。腰を低くし、身近な人とていねいに接して感謝を伝えることが最大の徳だとも教えています。

# 毎日を楽しむと運気が上がる

**なんでも楽しい、幸せと受け止められれば、ますます運気が上がり、好運のスパイラルに**

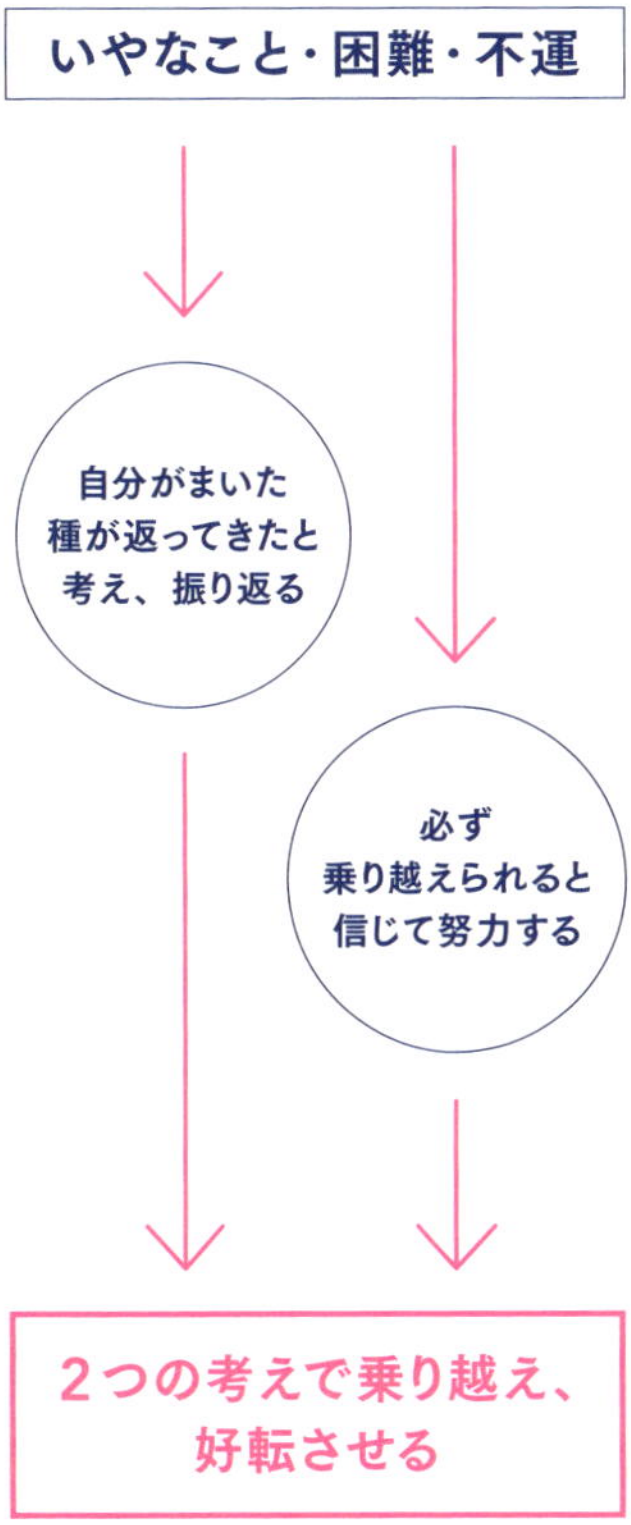
いやなこと・困難・不運
自分がまいた種が返ってきたと考え、振り返る
必ず乗り越えられると信じて努力する
2つの考えで乗り越え、好転させる

## 楽しんでいるとさらによい運気が。人と比べずに今に感謝を

楽しい、幸せだ、と笑顔で暮らしていたら運気が上がります。人は笑顔を見るのが好きだし、一緒にいてわくわくする人と過ごしたいもの。

不満を抱える人、不機嫌な人からは負のエネルギーが出ています。悪い気には誰もが近づきたくない、だからよい運も縁も離れていってしまいます。

楽しくないのは、人と比較して「足りていない」「隣の芝生が青い」と思ってしまうことが最大の原因。今は情報社会でSNSが発達しているからなおさらです。

実は、楽しくないのは、自分のまいた種が原因であることも少なくありません。不可抗力の不運もありますが、それすらも受け止め方次第です。不運だ、理不尽だと感じることでも、その多くは自分の力で乗り越えられることでもあります。これは一歩先に進むためのステップなのだとポジティブにとらえて毎日を楽しむのが、よい運気を得る秘訣です。

# お財布を定期的に空にする

お財布は定期的にキレイにしたい。満月の日がリセットに最適。いい気をお財布に送り込む

全部取り出して見直す

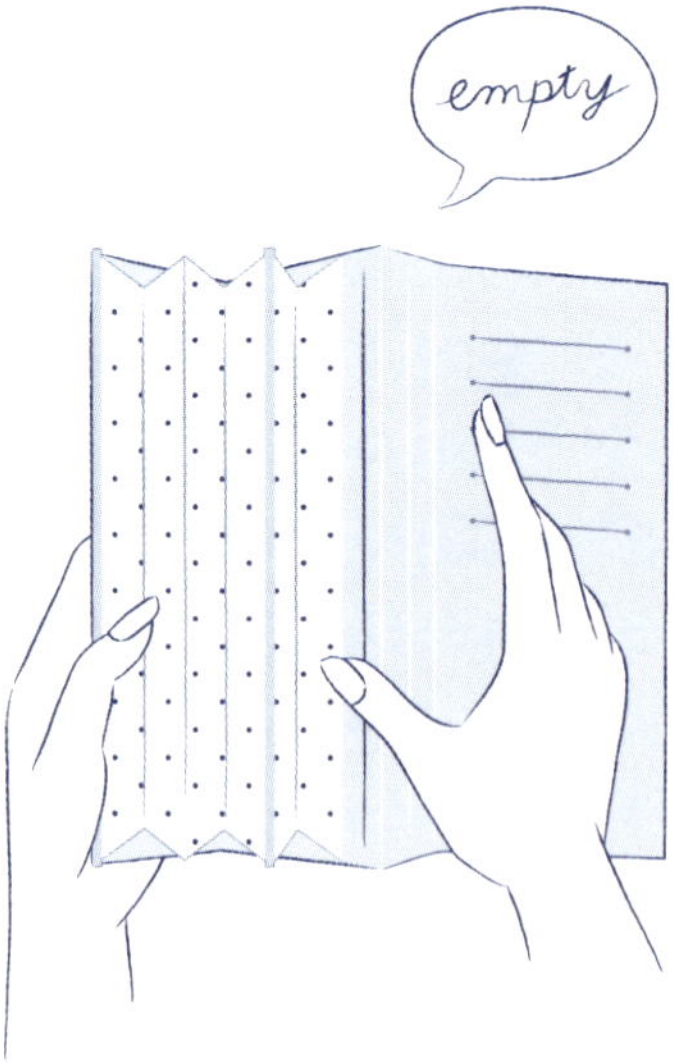


お財布をキレイに整理するには、一度全部取り出してみるといい。ついため込んでいるレシートや、不要なサービス券を処分してすっきりと。

## お財布をきれいにしておくと運気も呼び込み、好印象にも

お財布って使い始めると新しいものに替えるまで、中身を全部出す機会は案外ないですよね。でも、私はお財布のリセットを習慣にしています。

一度中身を全部出してみると、レシートやサービス券などいらないものをため込んでいたことがはっきりわかり、必要なものだけを戻せば、自然とすっきりします。毎日見るものですし、常にものが出たり入ったりするアイテム。お財布がキレイになると自分が気持ちがいいだけでなく、人が見ても好印象なのでおすすめです。

また、お財布はお金の家と考えて、住み心地のよい空間にしてあげることも大切。気持ちのいいところによい運や縁が集まるように、お金も住み心地のいいお財布が好きなはずです。

満月の夜は自分を見直すのによいタイミングだから、お財布のリセットにも最適です。月に一度の習慣でよい気を送り込むこともできます。

# 掃除をすることで気の流れをよくする

## キレイな家は住む人の気を上げるから楽しみながらこまめに掃除をする

### キレイな住まいによい運が来ると意識して掃除を楽しむ

住まいは住む人の運気に大きく関わります。運や縁を運んできてくれる、目に見えない神様は、キレイな場所が好きです。だれでも雑然として、汚れているところには入ってきたくないのと同じことです。部屋はもちろん、洗面所やキッチン、トイレなどの水まわり、玄関など家じゅうを常にキレイに保てば運気は上がります。

私も掃除は得意というわけではないけれど、「ここをキレイにしたらいい気が巡ってくる、邪気が払える」と意識して掃除をしたら、張り合いが生まれて楽しくなってきます。

自分の手で汚れを落として住まいを整えることで、悪い気を寄せ付けないバリアを張ることもできます。ていねいに掃除をすることで、きっとよい気が流れ、よい運がめぐってくると考えるだけで、掃除が義務ではなく、楽しみに変わるものです。清潔な場所で健康に暮らすのは環境学としてもきっと正解だと思います。

こまめな掃除が
運気を上げる

水まわりは使ったらすぐにキレイにふく、玄関は出入りするたびに靴をきちんとしまう、トイレは常に清潔になど、日常的に家の中をきれいに整える習慣がいい気を運んできてくれます。

# バッグは整理してきれいに使う

## 一日の中で**一番に目にする**からこそ、キレイにしておくと気分が上がる

バッグの
整理専用ボックスを!

バッグの整理用にふた付きボックスを用意するのがおすすめ。中身を一度全部出してしまい、明日使うバッグに移し替えれば中身のリセットに。明日持ち歩かないものはボックスに残しておき、ふたをしてしまえばOK。忘れ物防止策にもなります。

### 目に入るものだからこそキレイに。バッグの管理にはルールを

一日の中で一番目に入るのは、手とバッグです。ハンドケアをして指先までキレイだと幸せな気持ちになるように、バッグの中がすっきりしていると一日中気分が上がります。バッグはほうっておくとどんどん中身が増えてしまうもの。

私、実は整理整頓が苦手です。だからこそ心がけているハウツーを紹介します。時間に余裕がある日に、家に帰ったらバッグの中のものを一度全部大きなカゴなどに出してしまい、翌日使うバッグに中身を移していくんです。上に紹介したような専用ボックスを作っておくと、翌日小さなバッグを使うときに、入りきらないものを残しておいてもなくならないし、目にもつかず、すごく効率的なので試してみてください。

この作戦のメリットは、中身の入れ替えがめんどうでつい同じバッグで出かけてしまうことがなくなり、おしゃれにも磨きがかかることです。

# 先端を美しくキープすると運を呼び込むことができる

## 運が出入りするアンテナである指先、靴、髪などの体の先端にこそ気を配る

意外に見られている手先、足先、髪

ネイルやハンドケアの手を抜かない、手入れのいき届いた靴を履く、髪は毛先までツヤツヤにするなど、「先端」に気を配るのは運のアンテナを磨くことです。

**体の先端を磨くことでよい気が出入りするように**

女性に人気の映画「セックス・アンド・ザ・シティ」に「キレイな靴を履いていると、靴がよい場所に運んでくれる」という意味のセリフがあるのですが、本当にその通りだと思うんです。

靴、指先、髪などの体の端にある部分は、エネルギーのアンテナだと思っています。自分を発信したり、世の中の情報を受け止めたり、運や縁を取り込んだりするとても重要な部分なのです。

だから美しく整えておかないと、よい運気が出入りしない。足は大地の力を吸収し、自分を運んでくれるところですし、手はものをつかみとるところ。髪は頭の先端、口もそうです。アンテナをキレイにすることで、よい気が出入りするようになるはず。先端を磨くことは大切ですよ。

Chapter

# 5

# 人間関係に、もう悩まない！

# 人は思い通りにならないと知る

**自分の思い通りにしたいという欲望を捨てることで、他人への苛立ちはリセットできる**

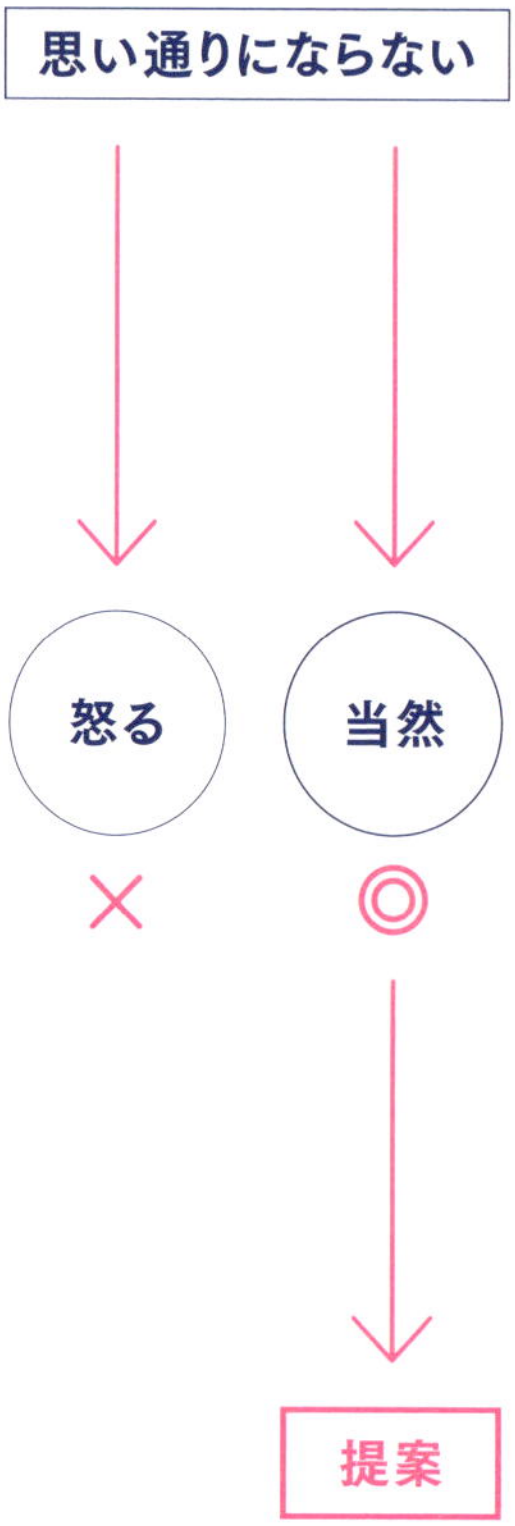


## 生きる環境が違うのだから、価値観が違うのは当然

だれもが心のどこかで、「相手に自分の望む愛情をもってもらいたい」「自分をよく評価してほしい」といった感情を抱いた経験があるのではないでしょうか。

人間関係のイライラは、そんな自分の望む思いが相手から得られなかったとき。つまりは、相手が自分の思い通りにならなかったときに、そのもどかしさから生まれるように思います。

「あの人にこう思わせたい」、でもわかってもらえない。その繰り返しでは疲れ果ててしまい、幸せも遠ざかってしまいます。

生まれや育ち、生きる環境も違えば、価値観も考え方も違って当然。その相手を自分の思い通りにするなど、到底できることではありません。

人と上手に付き合うためには、人は思い通りならないと自覚することが大前提。すると、自然と相手を尊重する気持ちが芽生え、苛立ちからもリセットされるはずです。

# みんな違ってみんないい

## 自分と違う生き方、考え方に関心を示し、多様性を受け入れたほうが、ずっと楽しい

### 一億人いれば一億色。違うことは、受け入れる

私は韓国で生まれ、アメリカ出身の男性と国際結婚し、日本で暮らしています。幼い頃は国が異なる子どもたちと過ごすことも普通でした。それもあってか、私の中に人種や国籍という垣根はありません。生まれや育ち、肌や髪の色、考え方も違うことはまったく珍しいことではないのです。

しかし、そのような多様性に慣れていない環境で育った人の場合、自分と違う考えの人に出会うと、壁を作ってしまうことがあるようです。

「十人十色」と言いますが、一億人いれば一億色です。同じ国に住んでいても、生まれた年が同じであっても自分と同じ人は、一人もいないのです。

自分と違うからと避けてしまうのではなく、「自分と違う」ところに目を向け「こんな考えもあるんだ」「こういう生き方もあるんだ」と関心をもってその多彩さを楽しむと、人との付き合いも自分の考え方も、さらに広がり人生が楽しくなります。

# 人のチャームポイントを見つけよう

- 「相手のすてきなところを**三つ見つける**」練習をして
チャームポイントを見つけるクセを

- 人の持ち味をポジティブにとらえることこそ、
**すてきな人間関係**を築く、最初の一歩

笑顔がすてき
お話し上手！
ワンピースが
よく似合う

## 相手のすてきなところを見つけるクセをつける

私は人に会ったとき、すぐに相手の「チャームポイント」を見つけるようにしています。

チャームポイントになり得る点というのは、誰もが目につきやすく目立つポイント。それゆえに、とらえ方によってはウイークポイントにもなりかねません。

例えば、ファッショナブルなメガネをかけている人にお会いしたとき、「メガネが映えて、とてもすてき」という見方をする人もいれば、「目立つメガネをかけて、自己主張し過ぎているんじゃないかしら」と、とらえてしまう人もいるのです。ポジティブにとらえるか、マイナスにとらえるかで、印象は１８０度変わってしまいます。

しかし、相手の持ち味をマイナスにとらえてばかりいては、人との距離感は縮まらないものです。ポジティブに見ることこそ、すてきな人間関係を築く最初の一歩ではないでしょうか。

私が行っているマナー講座では、隣に座った人のすてきなところを瞬時に三つ見つけていただきます。このような練習を重ねると、相手をポジティブに見るクセが自ずとついてきます。

# 大人の女のSNSとのつき合い方

- 「SNSでつながる」＝「相手を支配する」ではないことを心得て、**相手の事情**を尊重する

- **スマホブス**に要注意。美しい姿勢で、相手を待つことも大人の女性のマナー

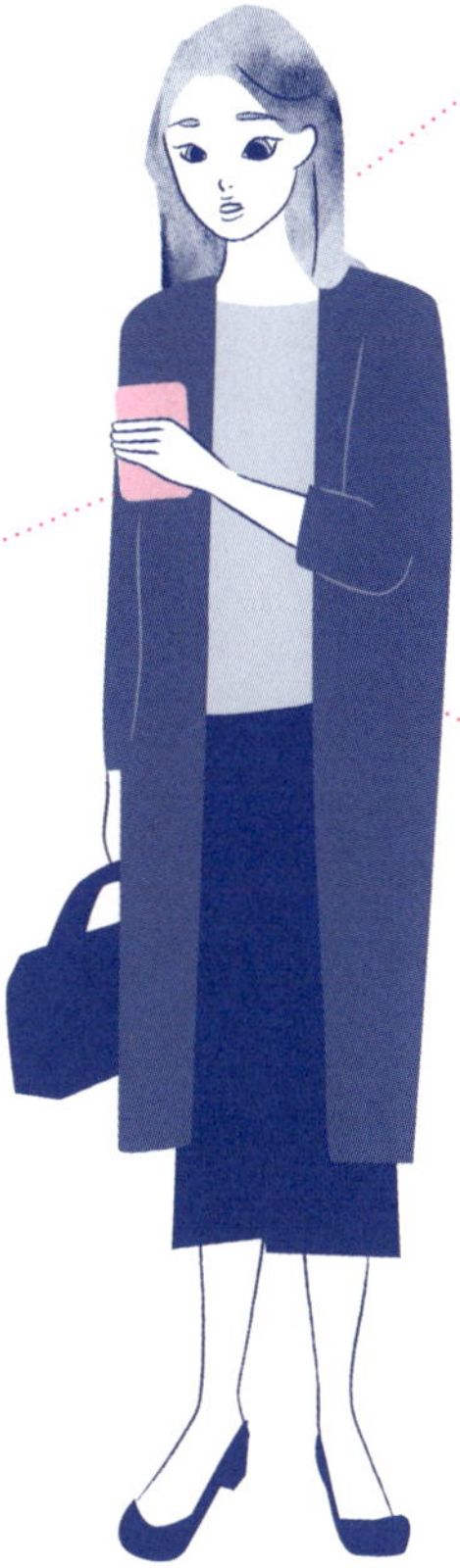

**二重あご**
頭をうつむける姿勢は、あご下にたるみを作って、二重あごに。顔が大きく見えるうえ、老けた印象にも。
**相手を待っているように見えない**
やってくる相手のことは二の次でスマホに夢中。相手への敬意が感じられず、よい印象を与えません。
**猫背**
背中が丸まっている状態。美しくないことはもちろん、血液循環が悪くなり、顔や体のむくみも誘発。


## 便利なSNSも使い方次第で負の連鎖に

メールやLINEなどのSNSの発達により、今やどこにいても連絡がとれる便利な時代です。しかし、その環境が当たり前になっているがゆえに、相手からすぐに返事がこないことで、「どうして、返信がないの!?」「私のことを嫌いになったの!?」といった、苛立ちや不満、疑いの心を持つ人が、蔓延しているように思うのです。

しかし、相手は大事な会議中かもしれません。はたまた、あなたのことを思い、ていねいに文面を考えてから返信したいと思っているかもしれませんよね。

「いつでもつながっていて当たり前」という思い込みは、支配する心を生んでしまいます。しかし、SNSは相手を支配するためのものではありません。相手の事情を尊重し、思いやることを忘れずに利用することが大切だと思います。

また待ち合わせ中にスマホをチェックしている人も多いのですが、スマホに釘づけの姿は、猫背、二重あご、しかめっつら……と、決して美しいものでありません。スマホから手を離し、相手を待ちわびながら、美しい姿勢で迎える。それも、大人の女性のマナーなのではないでしょうか。

# 人を傷つけない伝え方

## 「〜だとうれしい」「〜だと助かる」など、提案する言い方をすれば、印象はぐんとよくなる

**同じ指摘でも、言い方ひとつで印象がかわる**

「ダメ!」「なぜできないの!」と否定するよりも、「〜だと助かる」と提案する言い方で伝えると、相手も受け入れやすくなります。

### 魔法の一言で相手に不快にさせない

きつい言い方でミスを指摘して、相手と気まずくなってしまった。そんな経験、ありませんか？ でも、少し言い方を工夫すれば相手の受け止め方は、ぐんとよくなるのです。頭ごなしに「ダメ」という伝え方ではなく「〜だと助かる」「〜だとうれしい」と提案するように伝えてみてはどうでしょうか。相手を不快にせず、伝えたいこともきちんと伝わるはずです。

また、自分が嫌われたくないからと、「〇〇さんがこう言っていたよ」「みんなが言っていたよ」と、間接的な指摘の仕方をしていませんか？ その場にいない他人を介し、ミスを伝えるのは簡単です。自分の印象や立場も守ることができます。

しかし、そう伝えられた相手はどう思うでしょうか？「嫌われているのでは？」「みんなって誰？」と、不安や疑いばかりが大きくなり、よい結果を生みません。私は必ず、「誰かが」ではなく、「私はこう思う」と、私対相手で話すことを意識しています。

# 人の悪口に参加しない方法

「そうなんだぁ」「へー、知らなかった」とやんわりはぐらかせば、会話にのらずとも、場の空気を悪くしない

**笑いながらはぐらかせば場の空気も悪くしない**

盛り上がる悪口には、同調せず、反論や否定もしないこと。その場の空気を悪くしないように、笑いながらはぐらかしましょう。

## 会話を上手にはぐらかし、悪口に同調しない

おしゃべり好きの女性が集まると、ときに悪口大会になってしまうケースは少なくありません。しかしそんな振る舞いは、ポジティブでもハッピーでもないのです。であれば、悪口には参加しないことが賢明。私は、他の人たちが妬みやひがみに盛り上がっているときは、笑いながら「そうなんだぁ」「へー、知らなかった」とはぐらかし、同調はしないようにします。この方法ならば、悪口に参加せずに済むこともちろん、突き放した感もないので、その場の空気を悪くすることもありません。

人は、自分よりもひと足先に成功していたり、自分よりも果敢に挑戦している人をみると、妬んだり、その行為をうらやむ気持ちをもちがちです。でも、それは自分に自信がないから。自分に自信を持てれば、相手の行動も称賛し、受け入れる気持ちが自然と生まれてくるのではないでしょうか。

# ハッピーな恋愛をしましょう

「結婚したい」という気持ちよりも、大切なのは「今」。パートナーと過ごす、今をおろそかにしないこと

相手に求めるのではなく、**互いに愛情を与える気持ち**から幸せな恋愛は生まれる

### 結婚が目的になると自分中心になりがち

結婚が目的になっている女性は、「自分が幸せになりたい」「幸せにしてほしい」といった、自分優先の気持ちが強くなる傾向に。

### ハッピーな結婚は楽しい今の先にある

結婚はパートナーとともに過ごし、「この人だったら家族になれる」と思ったとき、自然の流れの中でするものです。

## 結婚は、パートナーと過ごす心地のよい時間の先にあるもの

恋愛よりも「結婚がしたい」という女性もいますよね。しかし、結婚は恋愛の先にあるもの。パートナーとともに幸せな時間を過ごし、お互いの悩みに共感して一緒に乗り越えて……。それを積み重ねて「この人だったら家族になれる」「このままずっと一緒に過ごしたい」という気持ちが芽生えたときにするものではないでしょうか。

「結婚したい」という気持ちばかりが先行して、彼と過ごす「今」をおろそかになっていませんか？「結婚の条件」で相手を見定めてしまったり、自分の理想の結婚のために、パートナーの人生を変えようとしていませんか？

結婚が目的になると、「自分が幸せになりたい」「幸せにしてもらいたい」と、相手に求める気持ちばかりが強くなりがちです。

しかし、ハッピーな恋愛や結婚は、お互いが「幸せにしてあげたい」という与える気持ちから生まれるもの。「自分が優先」という考えは、幸せを遠ざけてしまいます。恋愛は、失敗をしてもいいのです。しかし、同じ失敗を繰り返すことはよくありません。失敗からどんどん学び、レベルアップして、ハッピーな恋愛をしてください。

# 女子会を前向きに楽しむ

- 女子会は、自分を磨く**情報交換の場**として有意義に
- **女性が好きなテーマ**の体験談を、いつも4～5つ持っておく
- 「聞いた」「流行っている」という噂話より、**自分自身の実体験**のほうが何倍も楽しい話になる

## 女性が好きな話題で楽しむ女子会はハッピー

人の陰口で盛り上げるよりも、ファッションや美容、旅の話などの情報を交換し合う場のほうが、幸せ感が溢れます。

## 女子会は陰口の場ではなく、自分を磨く情報交換の場

私は、女子会は自分を磨くための情報交換の場だと思っています。

女性が集まると、その場にいない人の悪口が始まってしまうことも多いと思いますが、陰口を叩いて生まれるものは何もありません。それよりも、自分を磨くための情報を交換し合う女子会のほうが、ずっと有意義ですよね。

楽しく有意義な女子会にするためには、おしゃべりに花を咲かせる**実体験を積極的に積むことも大切**だと思います。

というのも、「○○さんに聞いた話だけど」「テレビで見た話なんだけど」という話題では、噂話の伝言になってしまい、味気がないですし、盛り上がりにも欠けますよね。それよりも、自分が実際に体験したことのほうが、何倍も楽しいお話になりますし、リアリティがあって皆さんに喜んでもらえます。

ファッション、美容、ダイエット、映画、スピリチュアル、エンタテインメント、旅……など、女性の関心が深いテーマの体験談をいつも4～5つ持っていると、おしゃべりに花を咲かせられ楽しい時間になるんじゃないでしょうか。

# 自信をもって人を信じる

## 自分を信じられなければ、人を信じることができない。お互いに信じ合うことで、**ハッピーな循環**が生まれる

**疑うもの同士より**
**信じるもの同士に**

自分を信じてもらえれば相手を信じられるし、疑われれば疑い返してしまいます。よい結果は、信じるもの同士からしか生まれません。

### 人と人は鏡。自信も、不信も連鎖する

「自信」という言葉は、「自分を信じる」と書きます。

自信がない人、つまり自分を信じられない人が、人を信じることができるでしょうか。そして、人を信じられない人が自分を信じてもらうことが、できるでしょうか。

人と人は鏡ですから、自分が信じなければ、相手にも信じてもらうことはできないのです。

仕事でも恋愛でも、相手を信じることができなければ、疑いの心が芽生えて溝は深まるばかり。「浮気しているんじゃない?」そんな不信感を伝えられた相手は、きっとあなたにも不信感を抱くでしょう。不信の連鎖の始まりです。

逆に相手を信じれば、信じてもらえたその相手にも自信が宿り、よい連鎖が生まれていくでしょう。

つまりは、皆が「自信をもつ」。これこそが、幸せの原点なのです。

# わざわざ〝敵〟を作らない

アプローチが違っても
**目指すところは一緒。**
それであれば、認め合ったほうが
ずっと仕事は楽しい。

**一緒に仕事をしたいと思ってもらえるように**

身近な人にこそ感謝を忘れずに、互いの意見に関心を持って認め合えるようにしたい。「一緒に仕事をしたい」と思ってもらえることが大切。

**仲間内にこそ感謝を忘れず互いを認め合って**

身近な存在の人にはつい甘えが生じて、ぞんざいな扱いになってしまいがちですが、そこは感謝の気持ちを忘れないように意識しています。

なぜなら、私はマネージャーや周りのスタッフにこそ、自分のファンになってもらいたいから。同じ目標を持って、同じゴールを目指しているのに、意見や考え方が違ったからといって衝突していたら、時間の無駄ですよね。それに、本来いちばんの味方である人たちに、「一緒に仕事したくない」と思わせてしまったら、何の意味もありません。

相手の提案が自分と違っていても、それはアプローチ方法が違うだけ。それを否定するのではなく、関心をもって認め合って進めたほうがずっと楽しく、ハッピーですし、よい仕事ができるのです。

時に意見が違うのは、真剣に最良の結果へ導く方法をそれぞれが考えているから。あなたの味方だからです。

# ハッキリ言わないといけないときは

**感謝の気持ち**や**褒める点**を伝えてから
注意点を伝えることで、相手を不快にさせない

「こうしてもらえたら、もっと助かる」と
**提案する言い方**で、伝える

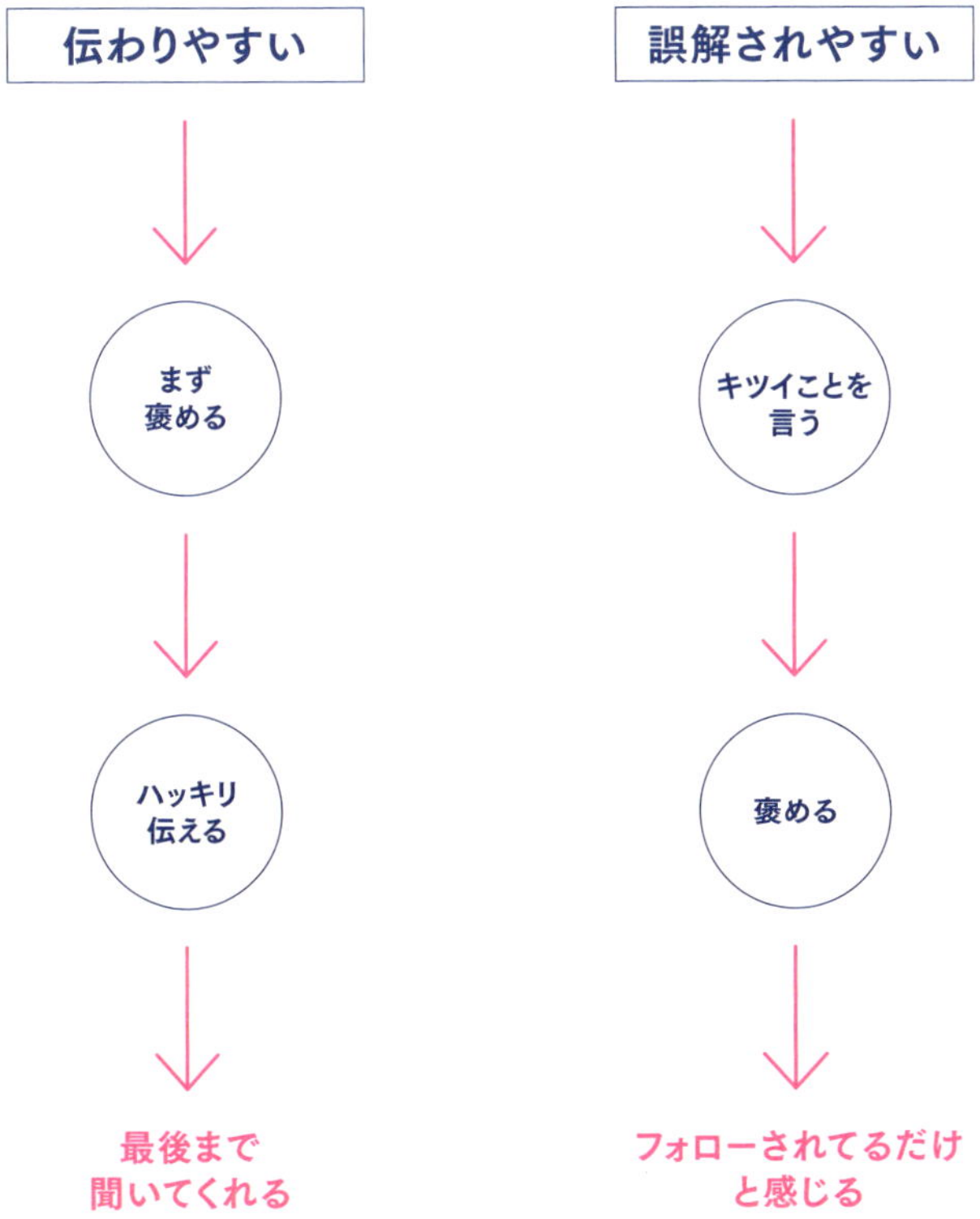


お礼や褒め言葉を伝えてからならば、相手に話を聞く気持ちが生まれます。指摘を前向きに受け入れ、がんばろうと思ってくれます。

先に強く指摘をされると、褒め言葉も「フォローだな」と思われてしまう。がんばろうという意欲も湧きません。

## 感謝を先に伝えることで、指摘も伝わりやすくなる

部下や身内に、ミスや問題点をハッキリと指摘しなくてならない状況に直面した経験がある人は、多いのではないでしょうか。そのようなときに、私が意識していることがあります。それは、**お礼や褒めるべき点を先に伝えてから、注意点を伝える**ということです。

先にミスばかりをきつく指摘してから、「今日はありがとう」「ここは、よかったよ」と伝えても、フォローされているだけのようにとらえられてしまいます。

逆に、お礼や感謝の気持ちを伝えたうえで、「こうしてもらえたら、もっと助かる」「こうしたら、どうだろうか」と提案するように注意点を伝えたならば、感じ方はどうでしょうか。相手も「なるほど、じゃあ、今度はがんばろう」と、受け入れてくれるのでないでしょうか。

そして最後に「一緒にがんばろう」と笑顔で伝えることで、互いにまた気持ちよく仕事ができると思うのです。大人には「伝えにくいけれど、言わなければならない」ことがありますよね。だから、相手を傷つけない言い方のコツとして参考にしていただけたらと思います。

# 相手の話をちゃんと聞こう

話をちゃんと聞けば、頷き上手に。上手な頷きは心の距離感を縮め、**好印象**を生む

「胸に目があるつもり」で相手を見ながら話を聞くと、姿勢がよくなり**すがすがしい印象**に

**絶妙なタイミングでうなずける**

頷きや質問は話している相手へ共感のあらわれ。相手も関心をもってもらえることに安心感を抱き、心地よく話せます。

**胸に目があるつもりで相手を見る**

自然と背筋が伸びるので、姿勢がよくなりすがすがしく見えます。話している相手にも良い印象を与えられます。

## 本当の美人とは心地いい雰囲気をもつ人

私は幼い頃、自分の容姿がコンプレックスでした。そんな私に母は、「美人かどうかは顔立ちではない。すがすがしく心地いい雰囲気をまとった人こそが、『本当の美人』」と、教えてくれました。そして、本当の美人になるためには4つの魔法があり、そのうちの一つが「人の話をちゃんと聞くこと」だとも教えてくれたのです。

相手の話に耳を傾けてちゃんと聞くことができれば、絶妙なタイミングで頷くことができます。「それでどうなったの?」という質問も自然と口から出てきます。その頷きや質問は、共感や心の距離の近さをあらわしますから、相手に安心感を与えることができます。

つまり、話していて「心地のいい雰囲気」を作れる人になれるのです。

そしてもうひとつ、会話をする際に、すがすがしい雰囲気を作る方法として私が提案していることがあります。それは、「胸に目があるつもり」で相手を見るようにするということ。すると、自然と背筋が伸びて、まわりからも好印象。だれでもすぐにできることなので、ぜひ実践してもらえるとうれしいです。

# アン ミカお気に入り名言録

名言1

## この泥にこそ、咲け蓮《はす》の花

〜与謝野蕪村〜

どんなに冷たい泥の中を生き抜こうとも、光に向かって真っすぐに伸び、汚れない美しい花を咲かせる蓮の花。どんなに真っ暗で冷たい、泥のような試練やツライことがあろうとも、光という希望に向かって頑張って一生懸命、誠実に生きていれば、必ず自分だけの美しい花を咲かせられるのです。苦労を経験すればするほど、知恵や思いやり、慈悲といった愛が含まれた、一層美しい花を咲かせることができるでしょう。

名言2

## 立てば芍薬《しゃくやく》、座れば牡丹《ぼたん》、歩く姿は百合の花

芍薬、牡丹、百合……すべて私が大好きな花。美人の姿や振る舞いを花にたとえた、この言葉のような女性でいたいと、常に思っています。

名言3

# 駕《か》籠《ご》に乗る人、担ぐ人、そのまた草《ぞう》履《り》を作る人。

世の中には様々な職業や立場がありますが、様々な方々がつながり合い、支え合い、世界は成り立っている。誰かが草履を作ってくれているからこそ、担げる。そして担いでくれる人がいるからこそ駕籠に乗れるのです。人の上に人を作らず差別せず、常に目に見えぬ支えてくれる人たちに感謝をして、皆と和合して、心平和に過ごしたいものです。

名言4

# 和顔愛語

~禅語~

【柔和な笑顔】と【愛ある優しい言葉】で人に接しましょう…と説いている禅語です。

和顔愛語を実践することで、皆の心が丸くなり、和を保つことが出来ると信じ、私も日頃から心掛けています。

禅の世界では【愛語】で語りかけよと説いています。親が幼子に語りかけるような【慈しみの心から発する愛ある言葉】は、天地宇宙をひっくり返すほどの力があると。言葉は使いようで刀にもなります。相手が言葉をどう受けとるのか…先ず思い巡らせて、相手の立場になって考えてから【愛語】で語りかけたいものですね。世界に笑顔を循環させ、平和に導くすばらしい言葉だと思います。

## 名言5

# 幸せは、いつも、自分の心が決める

～相田みつを～

幸せは他の誰かが決めることも、与えることも出来ません。他人から大変に見えることも、自分の心の目線を変えただけで、【自分だけなぜ苦労を…と思っていたけど、苦労から生きる工夫と知恵がついた。強くなれてありがたい】と思うと、苦労が感謝に変わり、幸せを感じる心が養えます。幸せを感じられる心になれるよう、心の目線を低く広くし、自分にとって何が幸せなのか、自分の心で決めましょう。

## 名言6

# あなたは、この世に望まれて生まれてきた、大切な人

～マザー・テレサ～

何か特別なことをしなければ、自分が生きる価値がないと自己否定をする人がいます。でも、どんな境遇で生まれてきたとしても、誰かがミルクを飲ませてくれて、オシメを変えてくれたはずです。人間は一人で生まれてきて、一人で生命を育むことは出来ません。誰かの愛があったからこそ、今の自分が存在するのです。この世にいる全員が、愛で育まれている大切な人です。存在する価値がなければ、最初から存在していません。今存在するということはそれだけで価値がある。人一人の力は大きいのです。自分自身を愛して尊敬してあげてください。自分という魂の器を愛することが出来るのは自分自身なのです。そして誰かに伝えてあげてください。あなたは大切な人だと。

## 名言7

# 20歳の顔は自然から授かったもの。30歳の顔は自分の生きざま。だけど50歳の顔には、あなたの価値がにじみ出る

〜ココ・シャネル〜

経験に勝る人間力はない。経験から学んだ慈悲深さや智恵は、必ず年輪のように顔に刻まれ、表れていくと思っています。若い頃はメイクなどである程度変えられても、年を重ねていくと、小手先ではない人間の深みは、所作や表情、使う言葉ににじみ出ます。素敵な50歳の顔になるよう、あと五年、心を磨いて生きて行きたいです。

## 名言8

# 愛は支配しない。愛は育てる

〜ゲーテ〜

【自分が望む愛情や評価が欲しい！】という欲は、人と関わって生きていく以上、自然と沸き上がってくるものかもしれません。でも、人は思い通りには決してなりません。みんな育った環境も生きてる環境も価値観も違う。相手の立場になって考えてみれば、相手を尊重する気持ちが芽生えてくるのでは？　お互いを尊重すると【思い通りにしたい！という支配欲】はなくなります。互いに尊重しあい、理解を深め、愛を与えあい、築き、育んでいきたいものですね。

アン ミカ流・季節の暮らし方

# 二十四節気を活用した、ヘルシー＆元気な暮らし方

太陽の動きをもとにして、1年を24の節気にわけた「二十四節気」は、古代中国で考案されたもの。この分け方をもとにすると、毎年同じ時期に同じ節気がめぐってくるので、季節の変化に対応しやすく、日本でも江戸時代までは農業などの目安、年中行事の指針などに幅広く使われていました。季節の変化によって、体調や心の変化も訪れることを知って対処するようにすれば、季節の変わり目などもスムーズに乗り切れます。二十四節気をもとにした、四季を元気に過ごす暮らし方をまとめましたので、1年中ハッピーな美女でいるために、ぜひ役立ててくださいね。

## 春

| 取りたいもの | おすすめ行動 | 注意すること・場所 | 時期 | |
|---|---|---|---|---|
| 梅干し、ヨモギ<br>ニラ、サトイモ、ネギ<br>クコ、パセリ | 早起き<br>肝臓系の病<br>インフルエンザ、風邪 | 怒気を鎮める<br>ストレス軽減<br>楽観的に | 2/4～2/18頃<br>この日から立夏の<br>前日までが春。<br>梅が咲き始める | 立春《りっしゅん》 |
| 酸味、水分<br>タケノコ、エビ<br>イチゴ | スポーツ開始<br>リンパを流す | 乾燥<br>アレルギー<br>滞り | 2/19～3/5頃<br>雪解けが始まり、<br>春一番の吹く頃 | 雨水《うすい》 |
| ハマグリ、シジミ<br>しいたけ、酸味 | よく眠る<br>呼吸法<br>滋養のある食事 | うつになりやすい | 3/6～3/20頃<br>冬眠から虫が出てくる、<br>柳の若芽が出て<br>桃の花咲くころ | 啓蟄《けいちつ》 |
| 甘いもの<br>レモンのハチミツ漬け | 温かく辛めの食事<br>早朝の散歩 | 花粉症<br>怒りの感情<br>アレルギー | 3/21～4/4頃<br>この日を挟んで前後が<br>彼岸。昼夜の長さがほぼ<br>同じ、この後昼が長くなる | 春分《しゅんぶん》 |
| 納豆、漬物、醤油<br>みそ、鶏肉 | ダイエット開始<br>リラックス | 緊張<br>ストレス<br>胃腸のトラブル | 4/5～4/19頃<br>花が咲き競い、<br>草木が芽吹く | 清明《せいめい》 |
| 魚、はちみつ | スポーツで気分転換<br>乳製品・<br>水分多いもの・<br>氷を控える | 湿気で<br>思い悩みやすくなる<br>冷えからくるアトピーや<br>アレルギー炎症 | 4/20～5/4頃<br>春雨が降る頃、<br>日差しが強くなってくる | 穀雨《こくう》 |

# 夏

| 取りたいもの | おすすめ行動 | 注意すること・場所 | 時期 | |
|---|---|---|---|---|
| トマト、ゴーヤー<br>玉ネギ | 生姜湯に入る | 動悸<br>不整脈<br>心臓 | 5/5〜5/20頃<br>この日から<br>立秋までが夏。<br>五月晴れ、<br>新緑爽やかで風が吹く | 立夏《りっか》 |
| 赤い食べ物<br>（スイカ、トマトなど） | 熱を発散する | 冷え<br>高血圧 | 5/21〜6/5頃<br>陽気が出て<br>草木が成長する | 小満《しょうまん》 |
| ソバ、生姜、わさび | お風呂で汗をかく<br>足湯<br>芸術や文化に触れ<br>楽観的に | むくみ<br>のぼせ | 6/6〜6/20頃<br>穀物の種まきの時期、<br>西は梅雨入り | 芒種《ぼうしゅ》 |
| サフラン、イカ<br>玉ネギ、小豆 | 旅行<br>コンサート | 高血圧<br>心筋梗塞<br>血管の滞り | 6/21〜7/6頃<br>1年で一番昼が長く、<br>陽気が頂点に。<br>紫陽花が咲き、<br>梅雨入り | 夏至《げし》 |
| 豆腐<br>うなぎ | スポーツ、エステで<br>体力･気力を養う | 肌に疲れ<br>むくみ<br>だるさ<br>たるみ | 7/7〜7/22頃<br>本格的暑さに<br>集中豪雨、<br>ハスの花が咲く、<br>セミが鳴く | 小暑《しょうしょ》 |
| タンポポ茶<br>豆腐<br>ヤマイモ | 水分補給<br>胃腸を温める<br>早めの睡眠 | 胃腸の疲れ<br>慢性胃炎<br>うつ<br>不眠 | 7/23〜8/6頃<br>夏の土用、<br>熱帯夜が始まる、<br>昆虫が出てくる | 大暑《たいしょ》 |

# 秋

| 取りたいもの | おすすめ行動 | 注意すること・場所 | 時期 | |
|---|---|---|---|---|
| 桃、白い野菜<br>醤油、ヨーグルト | 肉を控えめに | 多汗<br>咳<br>胃腸の疲れ | 8/7～8/22頃<br>この日から立冬<br>前日までが秋。<br>一番暑い夜 | 立秋《りっしゅう》 |
| ビワ、みそ、醤油<br>自然食品 | 深呼吸 | アレルギーが出やすい<br>風邪<br>胃腸病 | 8/23～9/7頃<br>朝・夕に<br>心地よい風が吹く、<br>台風シーズン | 処暑《しょしょ》 |
| 生姜、ニンジン<br>杏仁、龍眠 | 三首（首、手首、足首）<br>を温める装い | 気管支炎<br>鼻<br>のど<br>肩コリ<br>腰<br>うつ | 9/8～9/22頃<br>薄く露が出て、<br>秋の気配が | 白露《はくろ》 |
| 梨、菊の花<br>ゴボウ | スポーツ<br>胸と脇腹を広げる<br>ストレッチ<br>呼吸法<br>早寝早起き | 更年期障害<br>うつ<br>心身のバランスが<br>くずれやすい | 9/23～10/7頃<br>昼夜がほぼ同じ長さに。<br>秋彼岸の中日 | 秋分《しゅうぶん》 |
| 栗<br>キノコ<br>冬瓜<br>ノリ、豆 | スポーツ<br>散歩<br>歯のケア | 歯が浮く<br>耳鳴り | 10/8～10/22頃<br>露が見え、秋本番に。<br>菊の花が咲き、<br>紅葉の準備が始まる | 寒露《かんろ》 |
| ネギ、生姜、わさび<br>ジャガイモ<br>ビタミンC | ストレス発散<br>歌う<br>大声を出す | 悩みやすくなる<br>風邪<br>ストレス | 10/23～11/6頃<br>山が紅葉に、<br>山間部には霜が降りる | 霜降《そうこう》 |

# 冬

| 取りたいもの | おすすめ行動 | 注意すること・場所 | 時期 | |
|---|---|---|---|---|
| 白菜、ニラ<br>キクラゲ<br>ブドウ | 乾布摩擦<br>早寝遅起き<br>首を清める | 首<br>脳<br>老化 | 11/7～11/21頃<br>この日から立春<br>前日までが冬。<br>日が短くなり、時雨も降り、<br>北国は初雪も | 立冬《りっとう》 |
| 酸味、水分<br>タケノコ、エビ<br>イチゴ | スポーツ開始<br>リンパを流す | むくみ<br>冷え<br>膀胱<br>うつ | 11/22～12/6頃<br>冷えこみが激しく、<br>初雪が始まる | 小雪《しょうせつ》 |
| 牡蠣<br>亜鉛を含むもの | うがい<br>手洗い | 抜け毛<br>冷え<br>ウイルス<br>重度の風邪<br>肺<br>皮膚 | 12/7～12/21頃<br>山々が雪の衣を<br>まとう頃 | 大雪《たいせつ》 |
| 黒豆、はちみつ | 命門（ツボ、P.41）と<br>その裏を温める<br>ユズ湯に入る<br>感謝する | 恐れ<br>不眠<br>冷え<br>便秘<br>うつ | 12/22～1/4頃<br>1年で最も夜が長い | 冬至《とうじ》 |
| 豚肉、野菜 | 命門（ツボ、P.41）と<br>その裏、風門（P.41）<br>を温める<br>首まで入浴<br>屠蘇散を飲む | 冷え<br>皮膚<br>胃腸 | 1/5～1/19頃<br>この日から節分までが<br>寒の入り | 小寒《しょうかん》 |
| 豚肉、うなぎ<br>冬野菜、ヤマイモ | 体力アップ効果のある<br>漢方薬（高麗人参、<br>地黄、すっぽん）を飲む | 冷え<br>免疫低下 | 1/20～2/3頃<br>1年で一番<br>寒さが厳しい | 大寒《たいかん》 |

# おわりに

EPILOGUE

女性がキレイでいると、自分も自信がついて幸せになるうえに、
ダンナさまや家族、世の中の男性たちも、皆が元気になりませんか？
女性の〝キレイ〟は、社会を元気にする力を持っていると思うのです。

ではキレイになるにはというと？
ファッションだったら自分を知ることで自分を引き立てる工夫ができる。
体調不良や心が弱っているときには、自分の特徴をよく知っておけば
その乗り越え方、向き合い方がわかります。
自分を知ることが、キレイの第一歩なのです。
例えば何かしらのコンプレックスを持っている人は、
自分に興味があるからこそ、短所がよく見えるのではないでしょうか？
だからコンプレックスがある人は、
むしろキレイになるチャンスをたくさん持っているのです。
幸せは心の持ち方次第。コンプレックスに苦しむのではなく、
「私はこれだけ自分に興味があるんだから、
自分をキレイにする力、幸せにする力があるんだ」と
見る角度、心の持ちようを変え、美しくなる原動力にしてほしい。
そんな人に役立ててほしくて、この本を作りました。

今回この本を手に取ってくださったという一歩で、
あなたの人生が明るく変わる…そんな手助けがもしできたら、
とてもうれしいです。そして、この本の中で
〝自分に必要だ〟と感じたことをひとつでも実践し、
続けてみてほしいと願っています。

魂の器である〝体〟をいたわってあげられるのは、自分だけです。
すべてにポジティブでいるマインドを持つ人からは、
体の中から光が輝き周囲を照らすような、形容しがたい魅力が
あふれ出ます。見た目ももちろん大事ですが、
見た目のみならず、そんな深みと魅力も持った
すばらしい美人になって欲しい…と心から願っています。

この本を手に取っていただいて深く感謝すると同時に、
女性として生まれてよかった…と思える方が
一人でも増えていくきっかけになれたら。
一人ひとりの〝キレイ〟で、社会に明るさを与える
女性たちが増えていくお手伝いができたら、この上ない幸せです。

アンミカ

気になる言葉で、美容アドバイスが探せる!

# 50音順・逆引きキーワードリスト

## た



## な



## さ

## STAFF


| | |
|---|---|
| **撮影** | 天日恵美子 |
| **ヘアメイク** | 今野真樹 |
| **デザイン** | store inc.（大久保有彩、保田晶子） |
| **イラスト** | 森屋真偉子（エムズデザイン） |
| **事務所** | 株式会社TEN CARAT |
| **編集・文** | 印田友紀、黒木博子、石原輝美（smile editors）、柿沼曜子、田所佐月、韮澤恵理 |
| **編集長** | 小寺智子 |

監修協力／日本化粧品協会 小西さやか
漢方監修／薬日本堂漢方スクール 齋藤友香里
参考資料／『コリアン・ダイエット』キム ソヒョン著（光文社知恵の森文庫）


※本書で紹介する商品情報はすべて税抜き価格、2017年2月現在のものです。
売り切れや、価格が変更する場合があります。

# アン ミカの
# ポジティブ美容事典

2017年3月13日 第1刷発行

| | |
|---|---|
| 著者 | アン ミカ |
| 発行人 | 蓮見清一 |
| 発行所 | 株式会社宝島社<br>〒102-8388 東京都千代田区一番町25番地<br>電話 営業:☎03-3239-0926<br>編集:☎03-3234-4621<br>http://tkj.jp |
| 印刷・製本 | サンケイ総合印刷株式会社 |



Printed in Japan
ISBN978-4-8002-6604-0